스타트업 엔젤투자로 백억 벌어볼까요?

스타트업 엔젤투자로 백억 벌어볼까요?

색다른 엔젤투자, 개인투자조합 결성 과정

초판 1쇄 발행 2022년10월31일
초판 2쇄 발행 2022년12월25일

지은이 고연제, 김송이, 박혜진, 오상훈, 정연택

발행인 박현준

브랜드 북메일
주 소 경기도 용인시 기흥구 동백중앙로16번길 16-4 1709호
문의전화 031-287-0267
이메일 info@bookmail.cc

책홈페이지 100.bookmail.cc
홈페이지 bookmail.cc

발행처 (주)세븐7스태프
출판신고 2021년12월10일 제2021-000162호

ISBN 979-11-977105-1-3

북메일은 (주)세븐7스태프 출판사업본부의 브랜드입니다.
이 책은 저작권법에 의해 한국 내에서 보호를 받는 저작물이므로 무단전재와 복제를 금합니다.
이 책 내용의 전부 또는 일부를 이용하려면 반드시 저작권자와 (주)세븐7스태프의 서면동의를 받아야 합니다.

책값은 뒤표지에 있습니다.
잘못된 책은 구입하신 곳에서 바꾸어 드립니다.

스타트업 엔젤투자로 백억 벌어볼까요?
색다른 엔젤투자, 개인투자조합 결성 과정

북메일

스타트업 엔젤투자의 개념을 접하고,
첫 번째 엔젤투자를 경험하기까지,
시간의 순서로 글을 정리했어요.

목차
스타트업 엔젤투자의 개념으로 정리

프롤로그 11

3월 : 스타트업과의 첫 만남 & 백억 파트너

주식회사의 탄생 • 18
상장주식과 스타트업의 주식 • 23
뜨거운 원석 스타트업 주식을 누가 사? • 27
스타트업 발굴 • 38
개인투자조합을 통한 스타트업 엔젤투자 • 42
스타트업 엔젤투자 & 비상장주식 투자 • 46
사업소개서 • 50
세포가 증식하는 것처럼, 유상증자 • 54
발행가 • 61
구주 & 신주 • 65
증자와 지분희석 • 72
지분희석과 주식가치 상승 • 76

5월 : 투자 가능성 검토 & 우리만의 투자 문화 만들기

데스벨리와 J커브 • 83
사모 & 공모 • 90
러닝커브, Learning Curve • 94
피벗 • 98
대표 및 공동창업자 지분율 • 102
AC & VC • 107
AC & VC의 투자 • 111
스타트업의 기업가치 산정 • 115

창업가 (創業家), 사업가 (社業家), 기업가 (企業家) • 121
스케일업 (Scale-up) • 125
사람에 투자하다 • 140

7월 : 첫 번째 엔젤투자 & 공명 파트너스

투자 라운드 • 146
주식 & 채권 • 151
종류주식 • 155
주식, 채권의 변형된 형태 • 160
CN, SAFE • 164
스톡옵션 • 170
엑시트 • 174
세컨더리 펀드 • 179
GP는 창업가 • 191
엔젤, Pre A 라운드 스타트업 준비 사항 • 195
실사 체크리스트 • 199

부록
개인투자조합 설립 과정 "GP는 처음인데요?" • 212
백억 마을에 관하여 • 223
엔젤투자에 참여하는 세 단계 • 225

에필로그 227

목차
시간의 순서로 정리

3월 : 스타트업과의 첫 만남 & 백억 파트너

스타트업
엔젤투자
'엔젤투자'라는 단어를 처음 접하다 16

팀빌딩
스타트업 투자 여정
엔젤투자에 관심 있는 다섯 명이 모이다 21

에밀리 : "어디서부터 시작하지?"
비비안 : "뭘 알고 투자해야 하지 않을까?"
엔젤투자 스터디를 시작하다 25

엔젤투자를 통해 무엇을 얻고 싶은 지 논하다.
슈엣 : "목표를 정해보자!"
브라이언 : "백억 어때?" 29

백 배의 수익
주식 가치 상승
10억 가치의 스타트업이 1,000억으로 32

창업가는 어디서 만나지?
성장하는 스타트업은 어딨을까?
어떻게 첫 만남을 시작해야 할까? 35

과정의 체계화
지속 투자를 위하여
엔젤투자의 과정을 섬세하게 살피고 정리하다 40

온라인 소통
톡, 줌, 온라인 카페를 활용
멀리 떨어져 있어도 소통 가능한 시스템을 만들다 44

지인의 스타트업 소개
첫 만남을 준비하며
두근두근, 온라인 미팅을 준비하다 48

성장세가 폭발하는
동시에 데스밸리를 겪고 있는
스타트업 창업가를 만나다 52

슈엣 : "왜 투자해야 하지?"
비비안 : "투자로 정말 성공할 수 있는 건가?"
'투자의 본질'을 탐구하다 59

독서 토론
유대인의 하브루타
둘이 짝을 지어 1:1로 소통하다 69

성공이 아니라 백억
부자가 아니라 백억 자산가
보다 구체적으로 꿈을 설계하다 74

5월 : 투자 가능성 검토 & 우리만의 투자 문화 만들기

5월
투자 검토 시작
실전에 들어서다 80

스타트업 선정
10개 투자 후보 스타트업
두 번의 투표로 투자처를 정하기로 계획하다 88

창업가, 투자자 소통
카카오톡 단체톡 '제갈공명 파트너즈'
창업가와 투자자의 접점을 늘리다 92

단톡 초대
소통 활성화
10개의 스타트업, 투자자들이 모두 모이다 96

에밀리 : "얼마를 투자할 수 있을까?"
브라이언 : "개인투자조합이면 1억 이상은 되어야지."
밥 : "우리끼리는 1억이 안 될 것 같은데, 어떡하지?" 100

지인들에게 엔젤투자를 소개
엔젤투자자들에게 이메일 발송
카카오톡 단톡 참여자들이 늘어나다 105

단톡의 목적
선택과 집중
검토하는 10개 스타트업들과 소통에 집중하다 109

단톡 분위기 활성화
더 많은 소통이 가능하도록
백억 파트너, 단톡에서 각자의 역할을 맡다 113

투표
6개 스타트업 선정
1차 투표를 시행하다 119

액셀러레이팅 팀 구축
'그룹B'

액셀러레이팅을 위한 정예요원들을 만들다 123

액셀러레이팅 방식 정의
그룹B에 활동 소개
활동에 따라 기여도를 부여하다 127

스타트업에 무엇을 물을까
9개의 공통 질문
공통 질문에 대한 답변을 받다 131

백억 파트너의 비전
백억 파트너의 미션
우리는 왜 투자하는가 138

7월 : 첫 번째 엔젤투자 & 공명 파트너스

7월
1차 투표 참여 인원 40명
최종 6개 스타트업이 선정되다 144

첫 번째 오프라인 IR
럭셔리 홍
뜨거운 반응에, 끝나고 치맥 149

두 번째 오프라인 IR
독립장군
직원 주간회의 참관, 사무실 투어, IR, 점심식사까지! 153

세 번째 IR
스마트아이
브라이언 : "역시, 사람은 만나야 하는구나!" 159

온라인 토론회
공명론 (共鳴論)
투자자들이 함께 논하다 162

밥 : "남녀노소 빈부의 차에 관계없이
누구나 참여할 수 있는 토론회!" 166

스타트업에 대한 투자 분석 보고서
'투자심사 보고서'
그룹 B에서 투심보고서를 작성하다 168

두 번째 토론회
17명 참석
점점 더 많은 인원이 참석하다 172

최종 투자처 선택
톡 활용 의사결정
6개 스타트업 대표들은 톡을 나가고 투자자들만 남다 177

7개의 평가 기준 마련
마지막 토론회
마지막 선택을 앞두다 181

공명1호투자조합
결성계획서 승인
출자자 모집에 집중하다 187

7월 16일 토요일 자정
최종 1개 스타트업 선택을 위한 투표 링크 공유
에밀리 : "드디어 결정됩니다! 투표에 참여해 주세요!" 189

최종 투자처 결정!
'독립장군' 1위로 선정!
최종 투자처, 그리고 공동 2위가 선정되다 193

실사 (實査)
투자 딜 (Deal)
투자 전 마지막 관문을 맞이하다 197

뻔뻔함
후츠파 정신
투자에 정해진 공식은 없으니까 200

일을 재밌게 하는 사람들
백억 파트너들
함께 투자하고 사업을 키우는 전략적 관계를 만들다 202

새로운 모델의 액셀러레이터
엔젤투자자들이 중심이 되는 액셀러레이터
300명의 엔젤투자자들이 모인다면? 204

공명 이사회 구축
백억 파트너 7명 & 그룹B 3명 참여
공명1호의 주역 10명이 공명의 이사진으로 모이다 206

이사회를 통한 첫 번째 의사결정
공명의 본질은?
0.33%를 깨트리다 208

엔젤투자에 참여하는 세 단계

1. 세포 증식의 원리 이해하기
2. 엔젤투자 활동에 참여하고 공부하기
3. 전문가들과 팀 꾸리기

프롤로그

세포는 자가분열을 통해 기하급수적으로 증식해요. 스타트업의 가치 상승은 마치 세포가 증식하는 것과 같아요. 어떻게 저런 속도로 성장할 수 있을까. 2011년 본엔젤스는 배달의민족에 3억을 투자했어요. 8년 후 배달의민족은 딜리버리히어로에 매각되었고, 본엔젤스가 투자한 3억은 2,993억이 되었죠. 대략 1,000배 상승했어요. 강산이 변하는 데 10년이 걸린다고 하는데, 강산이 변하기도 전에 기업가치가 1조를 넘었어요.

"어떻게 이런 수익이 가능하지?"

정답은 '스타트업'이었어요. 스타트업은 자영업도 아니고, 중소기업도 아니에요. 스타트업은 회사도 아니고 기업도 아니에요. 스타트업은 제조업도 아니고 테크기업도 아니에요. 스타트업은 '스타트업'이라고밖에 표현할 수 없어요. 스타트업은 일반적인 사업체가 성장하는 것과는 다른 방식으로 성장해요. '투자'를 통해 초고속으로 성장하는 것이죠. 투자를 통해 초고속으로 성장할 수 있는 타깃 마켓, 사업모델, 팀구성, 정신력을 갖춘 조직이 바로 스타트업이에요.

보통 회사는 단계적으로 매출과 영업이익을 올리며 성장해요. 그렇기 때문에 코스닥, 코스피와 같은 상장 시장에 오르기까지 평균 13년 정도가 걸리고요. 하지만 스타트업은 투자를 받아 공격적으로 마케팅하고 투자 대비 기업가치를 빠르게 키워요. 무시무시한 속도로 증식하는 세포와 같이 자원을 흡수하고 시장을 장악하죠. '유니콘'은 기업가치 1조 스타트업을 의미해요. 유니콘이 만들어지기까지 글로벌 평균은 6년, 한국은 7년 정도가 걸려요. 한국에서 1조 가치의 기업이 만들어지는 시간이 평균 7년 걸린다는 거죠. 매년 기업가치가 1,400억씩 증가하는 것이에요. 실감이 나나요? 전통적인 방식으로 회사가 성장하는 것에 비해 엄청나게 빠른 속도로 기업가치가 상승한다는 걸 알 수 있어요. 그렇게 성장 가능한 사업 모델이 스타트업이고, 스타트업 투자는 그런 모델에 투자하는 것이에요. 기업 성장의 패러다임이 바뀌고 있어요.

"우리 같은 일반인들도 스타트업에 투자할 수 있을까?"

스타트업 투자에 관심 있는 다섯 명이 모였어요. 엔젤투자를 경험해 보기로 했죠. 이 책은 다섯 명이 엔젤투자라는 것을 접하고, 첫 투자가 이루어지기까지의 과정을 담았어요. 우리와 같은 일반인들도 스타트업에 투자할 수 있다는 걸 알았죠. 물론 우리 힘만으로 투자할 수 있었던 건 아니에요. 몇 전문가들의 도움을 받았어요. 이번 엔젤투자에 함께 참여한 전문가들이었죠. 고비마다 그들의 도움을 받으며 한 발씩 앞으로 나갈 수 있었어요.

책에는 엔젤투자에 필요한 지식도 담았어요. 스타트업의 자본금, 기업가치 산정, 투자라운드의 정의, 상환전환우선주, 전환사채의 개념 등 스타트업 투자를 하기 위해 꼭 알아야 하는 지식들에 관해서요. 책의 목차는 '투자 지식'의 내용들로 정리되어 있어요.

투자를 하기까지의 과정이 녹록지 않았어요. 하지만 모든 과정을 직접 경험하며 왜 이곳에 그렇게 큰 기회가 있는지 알게 되었어요. 스타트업 투자라면 백억을 벌 수 있겠다는 생각이 들었죠. 새로운 세계로 들어온 걸 환영해요.

그럼,

"스타트업 엔젤투자로 백억 벌어볼까요?"

3월

스타트업과의 첫 만남 & 백억 파트너

3월

스타트업 엔젤투자

'엔젤투자'라는 단어를 처음 접하다

 엔젤투자? 들어본 것 같기는 한데, 정확히 어떤 투자인지는 몰랐어요. 벤처투자를 엔젤투자라고 하는지, 아니면 사회에 공헌하는 천사(엔젤)들이 하는 기부 형태의 투자인지.

 보통 기업 투자는 코스피나 코스닥에 있는 회사의 주식을 사고파는 거잖아요. 그런 걸 '주식 투자한다'고 표현하고요. 회사에 투자한 경험은 딱 거기까지 였는데, 엔젤투자라는 걸 접하면서 '스타트업'에 투자해볼 수 있는 기회를 얻게 됐어요.

 증권사 계좌를 만들고, 휴대폰으로 주식을 사고파는 것과는 차원이 다른 형태의 투자였죠. 사업체를 만든 창업가를 직접 만나고, 창업가에게 투자 검토에 필요한 자료를 요청하고, 자료를 갖고 엔젤투자자들이 모여서 분석하고 토론하고. 완전히 새로운 경험이었어요.

 '그동안 내가 한 투자는 뭐였지?'

'그동안 난 뭘 보고 회사의 주식을 산 거였지?'

   스타트업 엔젤투자는 신세계였어요. 이런 투자 시장을 알게 되어 감사하다고, 책의 지면을 빌어 엔젤투자를 소개한 지인에게 전하고 싶네요.

• 주식회사의 탄생 •

주식회사는 창조되어요. 처음에는 그저 종이에 적힌 글자로 존재하지만, 시간이 지날수록 가치를 만들어내죠. 회사의 서비스를 이용하는 고객, 회사에서 일하면서 급여를 받는 임직원, 회사에 투자한 투자자 모두에게 각기 다른 실질적인 가치가 제공되어요. 가치가 커질수록 주식회사의 주식 가치도 상승되고요.

주식회사는 액면가에 주식 수를 곱하면서 탄생해요.

'액면가'

용어가 많이 낯설죠? 글을 조금씩 읽어가는 과정에 스타트업 투자 관련 용어에 익숙해질 거예요. 액면가는 주식회사가 처음 만들어질 때의 주식 가격이라고 보면 돼요.

액면가가 1,000원이고, 주식 수가 10,000주이면, 자본금 1천만원짜리 주식회사가 만들어지는 것이죠. 자본금은 액면가와 주식 수를 곱한 것이에요.

액면가 * 주식 수 = 자본금
1,000원 * 10,000주 = 10,000,000원

스타트업은 보통 자본금 1천만 원에서 3억 원 사이에 설립되어요. 평균 자본금은 5천만 원 정도 될 거예요. 몇 달 뒤 자본금 1천만 원의 이 스타트업은 1억 원을 투자 받아요. 스타트업은 그럴 수 있죠. 투자자가 스타트업에 1억을 '엔젤투자'하는 것이에요. 어떻게 1천만 원의 자본금을 가진 회사가 1억을 투자 받을까요? 자본금을 훨씬 넘어서는 돈인데 말이죠.

자본금 1천만 원의 스타트업은 1억을 투자 받을 수도 있고, 10억, 100억을 투자 받을 수도 있어요. 주식회사이기 때문이죠. 주식회사는 10억, 100억, 1,000억, 1조를 담을 그릇이 준비되어 있다고 보면 돼요. 물론, 모든 주식회사가 그런 돈을 담을 수 있는 건 아니고요. '성장 잠재력이 있는 스타트업'에 한해서요. 세포를 기하급수적으로 늘릴 준비가 된 스타트업이어야 가능해요. 성장

잠재력의 크기에 따라 수십, 수백 억원의 투자금을 담을 수 있어요. 그것에 따라 투자자들이 보유한 주식의 가치도 수십, 수백 배가 뛰는 것이고요. 스타트업 엔젤투자로 백억을 벌 가능성은 결국 스타트업의 그릇에 달렸어요. 주식회사로 만들어진 스타트업의 그릇.

팀빌딩

스타트업 투자 여정

엔젤투자에 관심 있는 다섯 명이 모이다

다섯 명의 스타트업 투자 여정을 책에 담았어요. 창업가를 만나고, 스타트업 투자에서 기회를 느끼고, 첫 번째 투자가 이루어지기까지의 과정을 담았죠. 첫 번째 엔젤투자를 하고 나서 돌이켜 봤어요. '혼자'라면 어땠을까? 혼자였다면 투자를 하기까지의 과정을 충분히 경험하지 못했을 거예요. 만족할 만한 과정을 밟기에는 할 게 너무나도 많았던 거죠. 창업가를 만나고, 사업을 분석하고, 투자에 관심 있는 사업체들을 비교하고, 투자 계약서를 준비하고, 최종 투자 가치를 정하는 등 몇 달이 걸리는 과정을 혼자 해내기는 쉽지 않을 거예요. 다섯 명이 함께했기 때문에 흡족한 결과물을 낼 수 있었어요. 하나로 똘똘 뭉쳐 목적지를 향해 갔죠. 이거 하나는 확실히 배웠어요.

'스타트업 투자는 팀플레이다!'

다섯 명은 닉네임을 만들었어요. 비비안, 에밀리, 슈엣, 밥, 브라이언. '반말 문화'도 도입했어요. 혹시나 조금 더 빠른 소통, 오픈 된 소통을 할 수 있을지 해서요. 반말 문화의 결과는 성공적이었어요. 처음에는 어색했는데, 조금 지나자 서로 가까운, 오래된 친구가 된 것처럼 느꼈어요. 실제로 일도 빨리빨리 진행됐죠. 존댓말을 하면 벌금 1만 원을 내야 해요. 벌금 납부 1위는 비비안, 2위는 밥이 자리를 견고히 하고 있네요. (책이 완성될 즈음 다른 엔젤투자 파트너들이 들어왔는데, 그중 데이빗이 벌금 납부 3위로 빠르게 치고 올라오는 중이에요.)

• 상장주식과 스타트업의 주식 •

보통 주식투자라고 하면 코스피, 코스닥과 같은 상장 시장에서 주식을 사고파는 걸 뜻해요. 상장 시장에서 거래되는 주식을 '상장주식'이라 하고요. 낮은 가격에 사서 높은 가격에 팔면 돈을 버는 거고, 높은 가격에 사서 낮은 가격에 팔면 돈을 잃는 거죠. 일반적으로 주식투자를 그렇게 알고 있어요. 주식의 가격은 시장이 결정하죠. 사고파는 사람들이 힘겨루기를 하면서 주식의 가격이 오르기도 하고, 내리기도 해요. 사려는 사람이 많으면 주식의 가격은 오르고, 팔려는 사람이 많으면 주식의 가격은 내리죠.

스타트업의 주식도 코스피, 코스닥에서 파는 주식과 같은 주식이에요. 사전적, 법적 정의는 같아요. 하지만 개인 투자자가 주식을 보유하고 있을 때는 완전히 다른 세계의 것이 되어버리죠. 이름은 '주식'이라고 같지만, 성격은 완전히 달라요. 스타트업의 주식은 〈뜨거운 원석〉과 같아요. 잘못 건드리면 손을 데이거든요.

스타트업의 주식은 '비상장주식'으로 상장 시장에서 거래할 수 있는 주식이 아니에요.

A라는 스타트업의 주식을 보유하고 있다고 할게요. 그 주식을 보유하고 있는 사람이 대한민국에 서른 명이 되지 않아요. 대부분은 그 주식의 존재를 몰라요. 이는 다르게 표현하면, 내가 보유하고 있는 스타트업 A의 주식을 팔 곳이 없다는 거죠. 상장주식에 비해 거래량이 거의 없다고 보면 돼요. '주식을 사는 게 어렵고, 파는 것도 어렵다.' 그러니 함부로 건드리지 않는 게 좋아요.

반대로, 이렇게도 생각해 볼게요. 뜨겁지만 '원석'인 거예요. 그 원석을 가공하면 어마어마한 가치를 얻을 수 있어요. 상상도 못 할 큰 가치이죠. 코스피, 코스닥에 올라가 있는 주식은 이미 가공된 보석이에요. 예쁘게 다듬어진, 손에 갖기 좋은 보석이죠. 그러니 사람들이 쉽게 사고팔 수 있어요. 갖고 있다가, 팔고 싶을 때 파는 거죠. 현금화하기 쉬워요. 하지만 스타트업의 주식만큼 큰 수익을 얻지는 못해요.

스타트업 주식, 뜨거운 원석을 누가 사겠어요? 거의 사는 사람이 없어요. 관심도 없고요. 아무나 다룰 수 있는 게 아니니, 살 사람이 없어요. 그래서 스타트업 투자, 엔젤투자라고 하면 대충은 알지만 아직 개념을 모르는 사람들이 많아요.

에밀리 : "어디서부터 시작하지?"

비비안 : "뭘 알고 투자해야 하지 않을까?"

엔젤투자 스터디를 시작하다

스타트업 엔젤투자 관련 책들이 많지는 않아요. 아직 엔젤투자라는 시장이 형성되지 않은 만큼 참고할 수 있는 자료도 많지 않죠.

〈스타트업 투자유치 전략〉이라는 제목의 PDF 자료가 있어요. 한국벤처투자에서 발간한 무료 자료인데, 스타트업 투자와 관련된 내용들이 체계적으로 정리되어 있어요. 창업가를 위한 자료이지만, 투자자에게도 도움이 돼요. 혹시 인터넷에서 자료를 찾지 못한 분, 자료가 필요한 분은 아래 주소로 이메일 보내 주세요. 자료 전달 드릴게요. ssanghooy@naver.com

〈백억짜리 대화〉 책도 도움되어요. 창업가가 주식회사를 설립하고 투자유치를 하는 과정에 필요한 내용들이 상세히 서술되어 있어요. 대화체로 적혀 읽기가 편해요. 난이도로 치면 〈백억짜리 대화〉 책을 먼저 읽고, 〈스타트업 투자유치 전략〉을 읽는 게 좋아요.

시작은 초보 다섯 명이었지만, 첫 번째 투자를 마무리 할 즈음에는 든든한 우군들이 생겼어요. 투자에 함께 참여하면서, 전문 역량과 지식을 활용해준 전문가 그룹이었죠. 전문가 그룹에는 회계사, 변리사, 세무사, 사모펀드 투자자, 투자심사역, 경영 컨설턴트, IPO 전문가가 있었어요. 투자 과정에서의 고비마다 그들의 역량이 빛을 발했어요. 단순히 그들의 전문성으로 우리에게 조언을 해준 것이 아니라, 하나의 투자팀이 되어 각자의 역량을 발휘했어요. 멋진 팀플레이를 만들었죠. 야니, 화이트, 켄, 맥스, 데이빗, 아서, 마이클, 고마워요.

• 뜨거운 원석 스타트업 주식을 누가 사? •

　스타트업은 뜨거운 원석이지만, 뜨거운 원석이기 때문에 우리에게도 기회가 있어요. 아직 발굴되지 않은 금광과 같다고나 할까요. 암호화폐보다 훨씬 체계가 갖추어진 시장이지만 사람들이 쉽게 접근하지는 않는 그런 시장. 리스크는 암호화폐보다 훨씬 적지만 암호화폐만큼 큰 폭의 성장을 기대할 수 있는 시장. 엔젤투자 시장이죠.

　엔젤투자는 투자만 하기보다는 창업가와 소통하면서 세상을 배우고 싶은 사람에게 추천해요. 투자자들과 공부하고 함께 활동하기를 원하는 사람이면 재미가 배가 되죠. 적극적으로 투자를 배우고 경험하길 원한다면 엔젤투자가 딱이에요.

　상장주식의 경우 IR 담당자 (Investor Relations, 투자 담당자)와도 통화하기 어렵지만, 스타트업은 대표와 직접 소통이 가능해요. 대부분 직접 소통을 해야만 하죠. IR 담당자도 없고, CFO

(Chief Financial Officer, 최고재무책임자)도 없어요. 또한 투자 관련 결정은 대표의 의견이 중요해요. 주식을 가장 많이 보유하고 있으면서 투자와 관련된 스타트업의 방향을 결정하는 위치니까요.

대표 즉 창업가를 직접 만나 소통하고, 창업가가 만들어가는 세계에 관심 있다면, 재무적 분석만 하는 게 아니라 창업가와 등산도 가고, 술도 마시며, 다양한 소통과 활동을 통해 함께 호흡하고 싶다면, 엔젤투자가 최고에요. 적극적으로 투자 성과를 만들고 싶은 사람들이 '뜨거운 원석'을 사죠.

"엔젤투자는 투자만 하기보다는 창업가와 소통하면서 세상을 배우고 싶은 사람에게 추천해요."

엔젤투자를 통해 무엇을 얻고 싶은 지 논하다.

슈엣 : "목표를 정해보자!"

브라이언 : "백억 어때?"

비비안 : "스타트업 투자로 백 배의 수익을 낼 수 있을까?"

에밀리 : "백 배라고 하면 1억 투자하고 회수할 때 백억이 되는 거잖아. 엄청난 수익인데?"

브라이언 : "가능해. 본엔젤스는 천 배를 만들었잖아."

슈엣 : "좋아. 1억을 백억으로 만들어보자!"

본엔젤스는 2007년에 설립된 초기투자 전문 벤처캐피털이에요. 2022년 현재까지 총 230여 스타트업에 연 평균 3억 원 정도 투자했고, 그 중 4개 기업이 유니콘으로 성장, 22개 기업은 M&A에 성공하고, 2개 기업은 상장을 했어요.

투자를 받아 성공한 스타트업 중에 김봉진 대표가 창업한 배달의민족 (우아한형제들)이 있어요. 놀라운 엑시트 사례로 꼽혀요. 2011년 사업성을 인정받기 전 본엔젤스는 배달의민족에 3억 원을 투자했어요. 8년 후 독일 딜리버리히어로가 4조 7천억 원에 인수를 하게 되어 본엔젤스는 2,993억 원 규모의 수익을 얻게 됐죠. 초기 투자금 3억 원의 1,000배에 가까운 수익률이에요.

> 밥 : "우릴 뭐라 부를까?"
>
> 슈엣 : "모임 이름 같은 거 말이야?"
>
> 에밀리 : "백억 파트너 어때? 엔젤투자로 백억을 버는 백억 파트너."
>
> 비비안 : "스타트업에 엔젤투자하고 백억 벌자. 우린 백억을 벌 거니까, 백억 파트너야!"

백억이라는 공동의 목표는 다섯 명의 관계를 끈끈하게 했어요. 매일 묻고 답하며 스타트업의 성장과 투자를 탐구했죠. "어떤 스타트업에 투자해야 할까?" "스타트업에 투자하면 백억을 벌 수 있을까?" "너무 큰 목표를 잡은 거 아닐까?" "어떤 창업가에게 투자해야 할까?"

명확한 목표가 설정된 후 추진력이 생겼어요. 보다 적극적인 활동으로 이어졌죠. 그러다 이 책이 기획됐어요. "우리가 투자하는 과정을 책으로 써보자!" 책을 쓰는 과정에 파트너들이 더 공부하고 지식을 정리할 수 있으니까요. 혹시 아나요. 이 책을 통해 수익을 창출할 수 있을지도요. 그렇게 번 돈으로 또 엔젤투자를 하고,

1억을 백억으로 만들고!

백 배의 수익

주식 가치 상승

10억 가치의 스타트업이 1,000억으로

　엔젤투자자는 개인투자조합에 참여하거나 개인투자조합을 직접 만들어서 스타트업에 투자할 수 있어요. 개인투자조합은 일종의 사모펀드이죠.

　엔젤투자에 참여하기 위해 개인투자조합을 알아봤어요. 한 군데 소개받았는데, 아쉬움이 좀 있었어요. 조금 더 창업가와 소통하고, 투자를 결정하는 것에서 주체적인 역할을 하고 싶었는데, 그러지 못했죠. 이미 투자할 한 곳의 투자처가 확보된 상태였어요. 우린 그곳에 투자할 건지 안 할 건지만 판단해야 했죠. '그동안 공부한 엔젤투자는 이게 아닌데…' 이왕 이렇게 된 거, 개인투자조합을 직접 만들어 보기로 했죠. 우리와 같이 무경험인 엔젤도 개인투자조합을 만들 수 있어요. 개인투자조합 설립 요건 중 개인투자조합을 만드는 사람이 갖추어야 할 법적 요건이 따로 없거든요. 개인 신용이 나쁘다거나 채무 연체 기록만 없으면 돼요. 백억 파트너들의 첫 번째 목표가 생겼어요. "1억짜리 개인투자조합을 만들자! 백억에 회수하자!" 개인투자조합 설립 계획을 세웠어요. 공부를 넘어 실제 투자를 준비할 때가 된 거죠.

계산기를 두드려봤어요. 10억 가치의 스타트업에 1억을 투자하고, 그 스타트업이 성장해서 1,000억 가치가 되면 회수 금액은 100억이 되어요. 회사의 가치가 10억에서 1,000억으로 백 배 성장했으니, 투자금도 1억에서 100억으로 백 배 커지는 거죠.

엔젤투자를 할 수 있는 스타트업의 기업가치는 7억에서 70억 사이에요. 7억 가치의 회사라면 700억으로 성장해야 백 배의 수익이 가능하고, 70억 가치의 회사는 7,000억이 되어야 하죠. 7,000억이면 거의 유니콘에 가까운 수준이에요. 쉽게 만들 수 있는 결과는 아니지만, 한국에도 유니콘이 늘어나고 있어요. 스타트업 창업 환경이 점차 좋아지고 있거든요.

어떻게 5,000억 가치로 성장할 수 있는 (현재) 50억 가치의 회사를 찾을까?

어떻게 3,000억 가치로 성장할 수 있는 30억 가치의 회사를 찾을까?

백억이라는 목표에 달성하기 위해서는 위 질문에 대한 해답을 찾아야 했죠. '경험'이 필요했어요. 목적지를 정했고, 그 목적지에 도달하기 위해서는 걸어야 했으니까요. 공부만 해서 될 게 아니라 실제로 부딪히고 경험을 통해 배워야 했어요. 창업가를 만날 때가 된 거죠.

Q&A

Q. 스타트업의 기업가치가 7억 미만인 경우도 있을까요?

A. 7억 미만도 있어요. 3억, 5억 가치의 스타트업도 있죠. 기업가치가 낮으면 투자자는 조금의 투자금으로 많은 지분을 가질 수 있어요. 그렇다고 조금 투자하고 많은 지분을 갖는다고 무조건 좋은 건 아니에요. 설립된 지 얼마 안 된 스타트업은 체계가 갖춰져 있지 않은 사업체이기 때문에 대표의 역량으로 사업을 키워야만 하죠. 이때 대표가 사업을 키울 충분한 동기가 없으면 사업의 성장 동력을 잃어요. 그 동기 중 하나가 바로 '지분'이고요. 그런데 사업 시작 시점부터 투자자에게 너무 많은 지분을 주게 되면 사업이 성장하는 과정에 사업을 키울 동기를 잃어요. 그러니 투자자는 창업가와 합의된 적정한 지분을 취득하는 것이 바람직해요.

창업가는 어디서 만나지?

성장하는 스타트업은 어딨을까?

어떻게 첫 만남을 시작해야 할까?

"최대한 많이 만나기 & 창업가와 직접 소통하기"

백억 파트너들의 발이 서서히 넓어지기 시작했어요. 엔젤투자를 먼저 경험한 선배들과도 인연이 생기기 시작했죠. 미팅했던 선배 한 명은 두 가지를 명심하라고 했어요. "최대한 많이 만나. 그리고 창업가와 직접 소통해야 해."

1. 최대한 많이 만나기

한두 명의 창업가만 만나고 투자를 해서는 안 돼요. 설령 사업이 좋아보인다고 해도, 더 만날 수 있는 창업가가 없다고 해도, 빨리 투자를 경험해 보고 싶다고 해도, 충분한 경험을 해야 해요. 만나면 만날수록 더 많은 기회를 보게 되거든요. 특히 창업가와 소통을 할 때, 창업가는 투자를 유치하기 위해 투자자를 유혹하는 경우가 있어요. 투자를 할 수 있는 룸(Room: 전체에서 남은 몫)이 얼마 없다, 다른 투자자와 얘기를 하고 있는데 거기서 투자가 되면 투자유치를 마무리할 거니 빠른 선택을 부탁한다, 이번이 가장 낮은 가격으로 주식을 매입할 수 있는 기회다, 이런 얘기들요. 그런 얘기들을 들으면 혹할 수 있어요. 여유를 갖고 다수의 창업가를 만나보는 것, 초보 엔젤에겐 그런 시간이 필요해요.

2. 창업가와 직접 소통하기

스타트업 투자를 할 때 개인 엔젤은 스타트업 창업가와 직접 소통을 할 수 있어야 해요. 창업가와 소통할 수 없다면 스타트업 투자를 하는 메리트가 적어요. 투자를 리드하는 혹은 소개하는 사람을 통해 '투자만' 가능하다면 차라리 상장주식에 투자하는 게 나아요. 스타트업 투자는 창업가와 직접 소통하며 창업가의 세계관을 느끼고 그 안에서 기회를 발견하는 것이니까요.

스타트업은 아직 만들어지지 않은 사업체이기 때문에 대표 혹은 대표를 중심으로 한 구성원들이 사업의 전부라고 해도 과언이 아니에요. 그만큼 사람이 중요하죠. 사람, 조직을 구성하는 사람들을 잘 봐야 해요. 그들이 사업을 어떻게 만들어가고 있는지, 단순히 성과 지표를 쫓는 게 아니라 성과 지표가 생성되는 시스템을 만들고 있는지 등이요. 그런 일을 하는 '사람들'을 잘 관찰할 수 있어야 해요. 결국 창업가를 직접 만나는 게 최고죠.

• 스타트업 발굴 •

투자할 만한 스타트업을 찾는 걸 '스타트업을 발굴한다'고 표현해요. 스타트업 발굴 방식 세 가지를 소개해 볼게요.

첫째, 데모데이와 같은 스타트업 IR 또는 행사.

창업경진대회, 액셀러레이션 프로그램, 데모데이, 피칭데이 등 각종 행사에 참여하며 현장에 참석한 창업가의 발표를 듣고 명함을 교환해요. 발표를 하지는 않지만 현장에 참석하는 창업가들도 많아요. 네트워킹 시간에 그들과도 명함을 교환할 수 있죠. 직장인이면 회사의 명함을 주고 엔젤투자를 한다고 소개하면 돼요. 처음 보는 사람들과 명함을 교환한다는 게 어색할 수 있지만, 한번 경험해 보세요. '스타트업을 발굴한다'는 게 어떤 건지 경험할 거예요. 좋은 투자처를 찾기 위해 직접 발로 뛴다는 거, 매력적이잖아요. 활력이 느껴질 거예요.

둘째, 블로그, SNS.

블로그나 SNS에 스타트업 투자 관련 활동을 기록하는 걸 추천해요. 활동 기록을 남기거나 생각을 정리할 수 있는 목적 외에도 창업가들로부터 메시지를 받을 수도 있거든요. 데모데이에 참석한 내용, 투자에 관해 고민하는 내용, 창업가를 만나고 싶다는 등의 내용을 적으면 창업가와 연결되어요. 모든 창업가와 미팅할 필요는 없고, 이메일로 사업소개서를 보고 관심이 생기면 미팅 일정을 잡으면 돼요. 줌(Zoom)을 통해 온라인으로 미팅하면 만나는 시간을 절약할 수 있어요.

셋째, 지인 소개.

활동을 넓히다 보면 같은 니즈를 가진 엔젤투자자들을 만나게 돼요. 나중에는 엔젤투자를 하는 지인들을 통해 스타트업을 소개받고 검토하는 비중이 늘어나요. '스타트업을 발굴하는' 가장 좋은 방법이라고 할 수 있죠. 아무래도 준비되지 않은 스타트업을 지인에게 소개하지는 않으니까요. 신뢰의 문제잖아요. 엔젤투자 활동이 축적되다 보면 여기저기서 스타트업 정보가 들어오는데, 대체로 지인들이 소개한 스타트업에 관심을 많이 갖게 돼요. 이메일을 통한 소개 등에는 상대적으로 관심을 줄이게 되고요.

과정의 체계화

지속 투자를 위하여

엔젤투자의 과정을 섬세하게 살피고 정리하다

다섯 명의 스타트업 투자 여정이 진지해지기 시작했어요. 배움, 경험, 성과에 목말랐죠. 우리는 스타트업 투자를 '제대로' '잘' 하고 싶었어요. 시간과 에너지를 조금씩 더 투입했어요. 특히 엔젤투자의 개념과 과정을 정의하고 정리하는 것에 신경을 썼어요.

스타트업 주식은 비상장주식이잖아요. 비상장주식은 말 그대로 코스피나 코스닥과 같은 증권 거래소에 상장되지 않은 주식이에요. 상장된 주식은 거래가 활발하지만, 상장이 안 된 주식은 거래가 활발하지 않아요. 그래서 엔젤투자는 '과정'이 중요해요. 상장 주식이야 떨어지면 팔면 되는데, 비상장 스타트업 주식은 쉽게 팔 수 없거든요. 과정에 하자가 있으면 투자가 제대로 이루어질 수 없어요. 스타트업 투자는 투자를 하고 끝나는 게 아니라 투자 후에 관리하는 것도 중요해요. 과정에 하자가 있으면 투자 후 관리가 어려워요. 한 예로 개인투자조합으로 투자가 이루어 졌는데 중

간에 돈을 빼겠다는 사람이 나오면 당황스러운 거죠. 개인투자조합은 보통 5년을 투자기간으로 잡거든요. 올바른 과정과 엔젤투자에 대한 안내를 통해 엔젤투자의 특징, 위험성, 개인투자조합의 운영 방식을 공동 투자자들 즉 출자자들이 잘 이해할 필요가 있어요.

• 개인투자조합을 통한 스타트업 엔젤투자 •

　스타트업은 시장을 빠르게 장악하기 위해 투자를 받아요. 생존 목적의 투자가 아니라 성장 목적의 투자인 것이죠. 우리와 같은 일반인도 스타트업 투자에 참여할 수 있어요. 물론 문이 그렇게 크게 열려 있는 시장은 아니에요. 하지만 조금씩 관심을 가지고 스타트업 투자시장을 보니 기회가 열리더라고요. 이쪽 시장을 아는 사람을 하나둘 만나게 되면서요. 엔젤투자 선배들, 엔젤투자에 관심 있는 전문가들.

　엔젤투자 기간은 보통 2~7년 정도로 장기 투자에 속해요. 개인이 투자할 수도 있고, 개인투자조합으로 투자할 수도 있어요. 개인이 투자하면 주주명부에는 개인의 이름이 올라가고, 투자조합으로 투자하면 주주명부에는 투자조합의 이름이 올라가요. 어떤 투자조합은 소액으로도 참여 가능해요. 100만 원 단위부터 투자할 수 있거든요. 엔젤투자는 하이 리스크 하이 리턴 투자에요. 설립한 지 3년 미만 혹은 전후의 스타트업에 투자하는 것이다 보니 리스크가 있죠. 개인투자조합에 참여해 소액으로 투자할 것을 권해요. 백억 파트너들은 최소 투자금액 200만 원의 개인투자조합을 계획했어요. 투자하기에 부담이 없는 금액으로요.

온라인 소통

톡, 줌, 온라인 카페를 활용

멀리 떨어져 있어도 소통 가능한 시스템을 만들다

파트너들은 주로 온라인으로 만났어요.

빠르게 공유할 내용은 카톡 단톡 활용.

남기고 싶은 글은 카페 활용.

만나서 할 얘기는 줌(Zoom) 활용.

> 밥 : "엔젤투자에서 성과를 내게 되면, 미래에는 이렇게 일하면 좋겠어…"
>
> 에밀리 : "어떻게?"
>
> 밥 : "디지털 노마드로 사는 거야. 한 달 동안 어디 다른 나라에 가서 일을 해도 문제없는 거."

노트북만 있으면 되는 거죠. 파트너들 회의, 창업가 미팅, 출자자 소통, 투자 준비 등 투자와 관련된 대부분의 업무가 온라인으로 가능해요. 물론, 오프라인 발표회나 '실사'와 같이 꼭 만나서 해결할 부분도 있지만, 비중이 크지는 않으니까요. 파트너들은 최대한 온라인을 활용해 일에서 성과를 낼 수 있도록 일을 구조화했어요. '온라인으로 일 잘하는 방법'같은 걸 만들며 공유했죠.

*실사 : 기업의 정관, 재무 지표, 매출 내역 등 기업을 방문하여 투자에 영향을 끼치는 내용, 사전에 기업과 소통한 내용이 사실과 다름 없는지 확인하는 과정

• 스타트업 엔젤투자 & 비상장주식 투자 •

　스타트업 엔젤투자는 흔히 얘기하는 비상장주식 투자와는 결이 살짝 달라요. 비상주식 투자는 상장 전의 회사 주식을 사서 상장 후에 팔아 차익을 남기는 형태의 투자이죠. 이름만 들으면 알 만한 회사 중에도 상장하지 않은 회사들이 있거든요. '불스원샷' '바디프랜드' 등. 그런 회사들의 주식을 비상장 상태일 때 사서 상장하고 파는 게 비상장주식 투자에요. 엔젤투자는 회사가 설립된 지 얼마 안 된 상태일 때 주식에 투자하는 것이고요.

　비상장주식 투자라고 하면 어느 정도 성장한 회사, 상장을 준비하는 회사의 주식을 사는 것이니, 보석 가공 직전의 원석이라고 보면 돼요. 스타트업 투자보다는 거래량이 있는 투자이죠. '38커뮤니케이션' 등 비상장주식을 거래할 수 있는 채널들이 있어요. 스타트업 주식 투자는 다시 강조하지만 '뜨거운 원석'이에요. 잘못 만지면 데이기도 하고, 아무나 만질 수 없어요. 대신 잘만 하면

엄청난 부가가치를 창출할 수 있죠. 어떻게 뜨거운 원석을 다루고 보석으로 만들 수 있을까. 궁금하고 기대되네요.

지인의 스타트업 소개

첫 만남을 준비하며

두근두근, 온라인 미팅을 준비하다

엔젤투자를 하는 지인이 스타트업을 소개해 주기로 했어요. 온라인 미팅 일정을 잡았죠. 대화를 어떻게 풀어야 할지 막막하더라고요. 기업의 재무와 관련된 일을 하면서 스타트업 투자를 하는 엔젤투자자에게 조언을 구했어요. 스타트업과 미팅을 할 때 어떤 질문을 할지 들을 수 있었어요. 아래는 질문들 중 몇 개를 뽑은 거예요.

"간략한 사업 소개 부탁드립니다."
"주요한 비즈니스 모델이 무엇인가요?"
"비즈니스 모델을 통해 어떻게 수익이 창출되나요?"
"어떻게 이런 사업 모델을 만들게 됐나요?"
"왜 투자유치를 원하며, 투자유치 후 어떤 성장을 기대하나요?"
"업무에 관련한 어떤 이력을 갖고 있나요?"

"현재 사업을 함께 만들고 있는 팀은 어떻게 구성되어 있나요?"

"사업의 성과지표는 무엇인가요?"

"매출이 발생하고 있나요?"

"영업이익이 발생하고 있나요?"

"창업가로서 어떤 삶을 살아왔고, 앞으로 세상을 위해 무엇을 하고 싶은가요?"

"6개월에서 1년 단기 성과 목표는 무엇인가요?"

크게 친하지는 않았지만 연락을 해 조언을 구한 것이 신의 한수였어요. 그 전문가는 이번 엔젤투자에 투자자로도 참석을 하게 되었죠.

• 사업소개서 •

보통 투자 미팅 전에는 창업가로부터 사업소개서를 먼저 받아요. 투자에 대한 소개가 들어가 있는 사업소개서이죠. IR이라고도 불러요. Investor Relations의 줄임말이에요. 투자자는 사업소개서를 보고 관심이 있으면 미팅을 요청해요. 관심이 없는 스타트업이라면 미팅까지 이어지지 않고요.

사업소개서에는 크게는 세 가지가 담겨요. 팀 구성과 팀의 역량, 고객의 필요(니즈 needs)에 대한 시장 상황 설명, 그리고 제공하고자 하는 상품이나 서비스의 가치. 즉, 창업가가 누구이며, 어떤 일을 하고, 투자자에게 어떤 가치를 줄 것인가를 알려주는 장이에요.

좋은 사업소개서는 사업 모델을 명료하게 보여 주고, 사업의 성장성을 잘 드러낼 수 있어야 해요. 특히, 꿈의 크기(얼마나 성장할 것인지)와 창업가의 의지(포기하지 않고 나아갈 추진력)를 담을 필요가 있어요. 또한 투자자가 사업소개서를 읽고 잘 이해할 수 있도록 표현했는지 살펴야 해요. 특정 분야의 전문 용어가 많으면 전달력이 떨어져요. 투자자와 창업가가 갑을 관계가 아니고 사귈지 서로 알아가는 남녀 관계라고 생각하고, 무엇을 궁금해할지 알아보는 수단이니까요. 많은 것을 전달하고 싶지만, 투자자의 니즈와 창업가가 전달하고 싶은 바가 조화를 이루는 지점을 잘 찾아야 해요.

성장세가 폭발하는

동시에 데스벨리를 겪고 있는

스타트업 창업가를 만나다

　창업가와의 미팅은 성공적이었어요. 자극이 되는 시간이었죠. 투자를 하기 위해 검토하는 시간이라기보다 새로운 세상을 들여다 보고 배울 수 있는 느낌이었어요. '이런 곳에서 기회를 보는구나.' 투자를 결정하는 건 우리지만, 사업의 내용에 있어서만큼은 창업가가 스승이었죠. 배움과 감동이 있는 시간이었어요.

　스타트업은 데스벨리를 경험해요.
　데스밸리는 미국 캘리포니아 주와 네바다 주 경계에 있는 분지 이름이에요. 대부분이 사막인 건조한 지역이라 뜨거운 태양, 바람, 모래, 소금밭이에요. 이처럼 생명이 살 수 없는 곳이기에 서부 개척기에 여행자들이 '죽음의 계곡'이라 부르며 무서워했던 곳이지요.
　이처럼 데스밸리, 죽음의 계곡(Valley of Death)은 스타트업이 창업 초 1년~ 3년 사이에 자금조달의 어려움과 시장 진입을 위한 성과 부진 등으로 도산 위기에 처하게 되는 시기를 일컫게 되었어요. 상품이나 서비스를 개발하기는 하지만, 매출로 이어지는 성과가 뚜렷하게 보이지 않아서 투자 유치에 어려움을 겪게 돼요.

스타트업은 담보나 신용도가 부족하여 시중 은행을 통해 자금 조달하기가 현실적으로 어려워요. 투자자를 통해 투자를 받고, 데스밸리 구간을 빠져나와 스타트업을 성장시키는 과정에서 창업가는 실패할 수 있는 모든 경우를 경험하게 돼요. 그의 사업 역량을 시험하고, 추진력을 갖추게 되는 구간이기도 해요.

• 세포가 증식하는 것처럼, 유상증자 •

주식회사는 주식을 발행할 수 있어요. 주식을 발행한다는 건 없던 주식을 새로 만들어내는 거예요. 세포가 증식하는 것과 유사해요. 하나의 세포가 다른 세포를 만들 듯, 주식 1주의 가치가 커지면 그 가치를 하나의 주식에 담고 있지 못하기 때문에 추가로 주식이 증식된다고 보면 돼요. 빠르게 성장하는 스타트업은 기하급수적으로 증식하는 세포 조직과 같이 주식을 증식시키고 이를 통해 성장 DNA를 흡수해요. 세포가 특정 기능을 하듯, 주식을 사들이고 보유한 투자자도 스타트업에 특정한 기능을 하거든요. 투자업계에서 영향력 있는 개인 엔젤이 주식을 보유한다거나, 마케팅을 잘하는 개인 엔젤이 주식을 보유한다고 생각해봐요. 분명 스타트업의 성장에 영향을 끼치죠.

주식을 발행하고, 발행한 주식을 투자자가 매입하는 걸 유상증자라고 해요. 스타트업이 투자를 통해 기업가치를 빠르게 키울 수 있는 이유는 증자의 원리 때문이에요. 스타트업은 주식을 발행하고, 투자금을 받아요. 이때 주식을 발행할 때마다 주식의 가격이 올라가요. 새로 주식을 발행하면 주식 숫자가 늘어나고, 동시에 주식의 가격이 올라가고, 결국 회사의 가치가 배수 이상으로 커지는 것이죠. 물론, 제대로 성장하는 회사일 경우에요. 성장하지 못하는 회사가 주식을 발행하면 그 주식을 살 사람이 없으니 투자될 리도 없고 주식 가격이 오를 수도 없죠.

예를 들어볼게요. 10,000주를 갖고 있는 스타트업이 있어요. 1,000주를 새로 발행해요. 이때 과거의 주식 가치를 1주에 1,000원이라고 해요. 그럼 과거의 기업가치는 10,000주 * 1,000원 해서 총 10,000,000원이죠. 근데 1,000주를 새로 발행하면서 1주의 가치가 10,000원이 되었다고 해요. 그럼 11,000주 * 10,000원 해서 투자 후 기업가치는 1억 1천만 원이 되어요.

과거의 기업가치 : 10,000주 * 1,000원 = 1천만 원
투자를 받은 후 기업가치 : 11,000주 * 10,000원=1억1천만 원

위의 방식으로 유상증자를 계속 한다고 하면, 기업의 가치가 계속해서 커지는 거죠. 엔젤투자자가 큰 수익을 낼 수 있는 건 이 증

자의 원리 때문이에요. 세포가 증식하는 것과 같이, 주식이 증식하고 성공 DNA가 스타트업 조직에 흡수되는 것.

비비안 : "근데, 적자 회사에 투자해도 되는 건가?"
에밀리 : "거의 다 적자인데?"
브라이언 : "스타트업 투자는 상장주식 투자와는 다르지."

매출이 없거나 영업이익이 적자인 스타트업이 대부분이에요. '재무 상태'를 보고 투자하기는 어렵죠. 스타트업의 성과는 KPI로 봐요. KPI란 Key Performance Indicator의 약어로 핵심성과지표를 뜻해요. 스타트업들은 각자만의 목표가 있어요. 그 목표는 같지 않아요. 어떤 기업은 IPO를 위해 성장하고자 하고, 어떤 기업은 유니콘 또는 데카콘이 되기 위해 성장하고자 해요. (데카콘 : 10조 가치의 스타트업) 또 어떤 기업은 M&A를 위해 성장하고자 하며 어떤 기업은 사회적 가치를 실현하기 위해 성장하고자 해요.

여러 지표들이 목표 달성에 영향을 주겠지만, 그중에서도 '핵심'적으로 영향력을 미치는 지표들이 있어요. 어느 정도 달성했는지를 알 수 있는 '성과'의 형태로 나타낼 수 있어야 하는 것이 '핵심성과지표'예요.

지표의 종류는 너무나 많아요. 매출지속률, 순이익률, 현금흐름, 고객획득비용, 고객만족도, 고객리텐션, 이탈률, 재방문률, 신규고객수, 접속자수, 시장점유율 등 다양한 지표가 있어요. 이런 지표 중에서 현재 이루고자 하는 사업 목표의 핵심, Key가 되는 지표들을 KPI라고 해요.

다음과 같은 질문들을 활용해 보며 스타트업의 KPI를 확인해 볼 필요가 있어요.

"현재 설정된 KPI가 현 사업 목표에서 어떤 중요성/연관성을 갖고 있는가?"
"얼마나 구체적인가?"
"측정가능한가?"
"달성가능한가?"
"기한 설정은 얼마나 유의미한가?"

Q&A

Q. 위에 언급한 지표 중 자주 쓰이는 지표는 어떤 게 있나요?
A. 스타트업은 다양한 사업 영역에 속해 있어요. 제조, 테크,

바이오, 플랫폼 등이에요. 그러므로 주로 쓰이는 지표가 있다기보다는 사업의 영역에 맞는 지표를 활용한다고 보면 좋을 것 같아요. 물론, 스타트업이 기업으로 성장해 가는 과정에 매출과 영업이익은 빼놓을 수 없는 성과지표가 되겠고요.

슈엣 : "왜 투자해야 하지?"

비비안 : "투자로 정말 성공할 수 있는 건가?"

'투자의 본질'을 탐구하다

비비안 : "투자하면 정말 성공할 수 있는 걸까?"

에밀리 : "그럼, 성공할 수 있지!"

엔젤투자를 공부하면서 '투자란 무엇인가?'에 대한 의문을 갖게 됐어요. 그러면서 한 권의 책을 더 접하게 됐죠.

〈부자 아빠 가난한 아빠〉

스토리 텔링이 잘 된 책이에요. 작가 로버트 기요사키에게는 두 아빠가 있었죠. 자신의 아빠였던 가난한 아빠. 친구의 아빠였던 부자 아빠. 자신의 '가난한 아빠'도 실제로는 그렇게 가난한 아빠가 아니었어요. 하와이의 교육감을 했을 정도니까요. 그럼에도 매달 대출금이나 생활비를 납부하는 것이 빡빡했어요. 반면 부자 아빠는 점점 부를 쌓게 되었어요. 로버트가 초등학교 저학년 시절 처음 부자 아빠를 만났을 때는 생각만큼 큰 부자는 아니었어요. 시간이 지나면서 눈덩이가 커지듯 부가 쌓이기 시작했죠. 로버트가 성인이 되었을 때 로버트의 친구 즉 부자 아빠의 아들은 아빠보다 훨씬 더 큰 부를 축적하게 됐죠.

〈부자 아빠 가난한 아빠〉의 핵심 메시지

'근로자와 자영업자는 투자자와 기업가가 되어야 한다'

브라이언 : "어떻게 투자자가 될 수 있을까?" "어떻게 기업가가 될 수 있을까?"

우리는 투자자가 되는 방법, 기업가가 되는 방법, 둘 다 궁금했어요. 우리는 스타트업에 투자하는 투자자이지만, 우리가 투자하는 창업가는 기업가가 되어야 하잖아요. 기업가가 되는 방법을 알고 있다면, 투자할 곳을 더 잘 고를 거예요. 창업가를 보는 안목으로 투자할 수 있을 테니까요.

〈부자 아빠 가난한 아빠〉는 경제 활동을 하는 사람이면 어디에든 속하게 되어 있는 현금 흐름 사분면을 소개했어요. 이 사분면은 무슨 일을 하는지보다는 돈을 어떻게 버는지, 즉, 수입을 창출하는 방법을 나타낸 거예요.

E (employee)	B (businessman)
S (self-employed)	I (inverstor)

왼쪽에 있는 E는 근로자, S는 자영업자를 뜻하고, 오른쪽에 있는 B는 사업가, I는 투자자를 가리켜요. E사분면에 속하여 급여를 받아 생활하는 사람들은 일자리를 얻어서 돈을 벌어요. 자영업자나 전문직에 있는 사람들은 자신을 위해 일하지만, 여전히 일한 만큼 벌어요. 반면에 오른쪽에 있는 사업가는 돈을 창출하는 사업을 하고, 투자가들은 직접 일을 하는 대신, 여러 투자를 통해 돈을 벌게 돼요. 즉, '돈이 돈을 버느냐'가 왼쪽과 오른쪽으로 나누는 기준이 돼요. 그리고 저자는 오른쪽에 있는 사분면이 장기적으로 경제적인 성공과 자유를 가져다 준다고 했어요.

또한 한 사람이 모든 사분면에 걸쳐 있을 수 있어요. 예를 들면, 의사라도 고용이 되어 급여를 받는다면 E사분면에 속해요. 만약 개인 병원을 차렸다면 S에 속하고, 보다 큰 병원을 운영하며 다른 의사들을 고용하고 있다면 B에 속하게 돼요. 나아가 전문 경영인에게 병원을 맡기게 되면, 직접 일을 하지 않고 수익을 올릴 수 있게 되지요. 어느 사분면에 속한다는 것이 성공의 척도가 되는 것이 아니에요. 중요한 것은 무슨 일을 하느냐가 아니라 어떤 방법으로 수입을 창출하느냐예요.

투자는 돈을 벌기 위해 하는 것이에요. 명확한 목적이 있죠. 하지만 '투자는 돈을 벌기 위해 하는 것이다'는 문장 하나로 왠지 채워지지 않는 무언가가 있었어요. 분명 투자는 돈을 벌기 위한 활동인데, 그것이 전부는 아닌 것 같은 그런 느낌을 받은 거죠. '투자의 본질' 아직 찾지는 못했지만, 더 많은 탐구와 경험을 하는 과정에 분명 답을 얻을 거라 확신해요.

· 발행가 ·

증자를 하는 과정에 '발행가'의 개념이 생겨나요. 음, 세포의 조직이 더 건강해지고 커진다고 표현하면 좋을까요? 한 주의 가격이 올라가는 거예요.

자본금 1천만 원의 주식회사가 있다고 해요. 액면가 1,000원, 주식 수 10,000주. 이 회사가 1,000주를 증자한다고 하면, 1,000주를 투자자에게 파는 개념이잖아요. 투자자가 1,000주를 사줘야 회사가 증자를 할 수 있는 거니까요. 이때 스타트업은 액면가 1,000원에 주식을 팔지 않아요. 발행가에 주식을 팔죠. 발행가는 스타트업이 사업을 하면서 사업 성과가 반영된 주식의 가격 혹은 미래 가치가 반영된 주식의 가격으로 보면 돼요. 예를 들어 발행가가 10,000원이라고 해요. 10,000원짜리 주식을 1,000주 발행하는 거니, 1천만 원을 회사에 투자하는 거예요. (10,000 * 1,000)

주식의 가격은 초기 자본금을 셋팅할 때 액면가 1,000원이 아니라 증자 시 발행가 10,000원이 되어요. 그럼 회사의 가치도 상승한 것이죠. 10,000원짜리 주식이 (증자 포함) 11,000주 있는 것이니, 회사의 가치는 1억 1천만 원이 되었어요. 자본금 1천만 원짜리 회사가 1억 1천만 원의 가치를 지닌 회사가 된 거예요.

스타트업은 첫째 '유상증자' 둘째 '증자 시 발행가 상승'을 통해 기업의 가치를 키워요. 매년 1,400억의 기업가치가 증가할 수 있는 건 유상증자와 발행가 상승 때문이죠.

• 구주 & 신주 •

'기존의 세포'와 '새로운 세포'라고 표현해 볼게요. 기존의 세포는 '구주' 새로운 세포는 '신주'라고 해요. 구주는 투자자가 갖고 있는 주식이고, 신주는 유상증자 시 새롭게 발행하는 주식이에요. 새로 태어나는 주식을 '신주'라고 해요.

구주는 주주가 소유하고 있는 주식이며, 주주가 팔 수 있어요. 신주는 회사가 유상증자를 통해 발행하는 것이고요. 주주가 구주를 팔면 돈은 주주의 호주머니로 들어가요. 자기가 갖고 있는 주식을 판 거니 당연한 거죠. 회사가 신주를 발행하고 판매하면 돈은 회사로 들어가요. 회사의 운영비로 쓰이는 거죠.

투자자는 구주를 살 수도 있고, 신주를 살 수도 있어요. 만약 소득공제 등 엔젤투자의 혜택을 받길 원한다면 '신주'를 사야 해요. 구주를 사면 그런 세금 혜택을 받을 수 없거든요.

이런 사례도 있어요. 보통은 투자가 일어나고 주식이 발행되면 대부분의 투자자들은 신주를 인수해요. 그게 보통의 룰이죠. 하지만 '배달의민족' 김봉진 전 대표는 신주가 아닌 구주를 매입해요. 대표적인 예로 ㈜수퍼빈 김정빈 대표의 구주를 인수했죠. 이런 경우 김봉진 대표가 투자한 돈은 ㈜수퍼빈의 통장이 아닌 김정빈 대표 개인의 통장으로 들어가요. 김정빈 대표가 갖고 있는 주식을 김봉진 대표가 산 거니까요. 왜 김봉진 대표는 김정빈 대표가 갖고 있는 구주를 산 걸까요? 거기에는 김봉진 대표 나름의 배려가 담겨 있어요. 창업가는 개인 빚을 지면서 사업을 하게 되거든요. 월급만으로는 그런 빚을 갚는 게 쉽지 않아요. 그래서 그런 빚을 갚고 마음 편하게 사업하라는 의미로 김정빈 대표가 보유하고 있는 주식을 산 거예요. 김봉진 대표 또한 그런 경험을 해봤기 때문에, 그렇게 창업가에게 투자하는 것이겠죠.

Q&A

Q. 구주를 사는 법과 신주를 사는 방법이 다른가요?

A. 구주를 사기 위해서는 대표 혹은 주식을 갖고 있는 주주와 직접 거래해야 해요. 주식양수도계약서를 작성하고, 주식의 소유권이 변경됐다는 걸 회사에 알려야 해요. 그리고 주주명부에 구

주를 산 투자자의 이름이 올라갔는지 확인해야 하죠. 회사는 주주 변동 사항을 관리하거든요. 주식을 사고파는 사람끼리만 거래해서는 안 되고, 반드시 회사에 주주등록이 되었는지 확인해야 해요.

신주는 스타트업이 유상증자를 하면 그때 살 수 있어요. 개인 간 거래가 아니라 회사가 공식적으로 주식을 발행하면 그때 주식을 사는 것이죠. 스타트업은 투자사를 대상으로, 개인을 대상으로 주식을 발행하거나, 크라우드 펀딩을 통해 주식을 발행할 수 있어요.

Q. 창업가에게는 빚을 정리할 기회이지만 투자자에게는 어떤 메리트가 있나요? (신주를 사야 세금혜택이 있다고 했는데)

A. 주식을 보유하는 것 외에 특별한 메리트는 없어요. 간혹 시장의 가격보다 할인된 가격에 주식이 나오기도 해요. 예를 들어 급하게 주식 처분을 원하는 주주가 현재 기준 가격보다 저렴하게 주식을 내놓는 거죠. 그런 주식을 사게 되면 이득이라고 할 수 있겠네요.

Q. 구주를 살 기회가 언제 생기나요?

A. 구주는 보통 대표가 현금 확보를 위해 팔거나, 기존 주주가 사정이 생겨 엑시트를 해야 할 때 살 기회가 생겨요.

독서 토론

유대인의 하브루타

둘이 짝을 지어 1:1로 소통하다

    하브루타는 전세계 인구의 0.2%인 유대인들의 교육방식이에요. 유대인의 탈무드 교육에서 유래되었고, 모든 교육 방식에 적용된다고 해도 과언이 아니죠. 방법은 나이, 계급, 성별에 관계없이 2명에서 1대1 짝(하베르)을 지어요. 어떠한 주제를 두고 짝꿍과 서로 질문, 대화, 토론하는 방법으로, 유대인의 전통 교육 방식이에요. 이를 통해 의미와 교훈을 배울 수 있죠.

    하브루타의 기원은 종교인이었던 유대인들이 경서의 지혜를 어떻게 삶에 적용하며 실천할 수 있을지를 고민하는 데서 시작되었어요. 효율적인 토론을 위해 파트너가 필요했고, 가장 효율적인 2명의 사람이 짝(하베르)을 지어 자연스러운 하브루타가 되었죠. 하브루타의 장점은 하나의 주제에 대해 다양한 시각과 나와 다른 견해를 알 수 있다는 거예요. 이를 통해 새로운 아이디어나 창조력을 끌어낼 수 있죠. 또한 스스로가 교사가 되어 상대방을 가르치며 스스로 학습할 수 있게 해요. 논리적인 사고를 통해 서로의 의견을 경청하고 이해하며 서로를 설득하는 과정을 통해 의사소통 능력을 향상시킬 수 있어요.

하브루타를 위해 만든 10개의 질문을 공유해 볼게요. 나중에 합류한 백억 파트너 '스카이'가 만든 질문들이에요.

1. 자영업과 사업의 차이는 주식에서 시작하는가?
2. 회사의 가치에 주식의 가치가 미치는 영향은?
3. 데스밸리를 경험했다면 데스밸리를 어떻게 극복했나?
4. 성공을 위한 실패가 반드시 필요한가?
5. 공동사업을 하기로 할 때 계약서에 꼭 들어가야 할 내용은?
6. 공동사업이 사업 속도나 방향에 더 합리적일까?
7. 지분이 많아야 투자를 잘 받을 수 있나? 투자받기 좋은 지분 비율이 따로 있나?
8. 코파운더와 지분 분배 전 최우선으로 고려해야 할 사항은?
9. 공동창업자의 숫자는 공동투자조합처럼 다다익선일 수는 없을까?
10. 스타트업을 창업한 후 회사의 의미 있는 가치를 가지기 위한 시간은 대략 몇 년일까?

둘이서 짝을 지어 토론하는 방식이 백억 파트너들의 필수 교육 과정처럼 됐어요. 매주 한 차례 1:1로 소통을 하죠. 에피소드가 하나 있어요. 파트너 2기로 합류한 '위트궁'의 이야기인데, 질문을 아내가 만들어준다고 하는 거예요. "와, 그런, 그런 방법도 있구나." 화요일 저녁에는 백억 반상회를 하는데, 그때 옆에서 함께 참여한다고 해요. 다음에 인사 나누면 좋겠네요.

· 증자와 지분희석 ·

세포가 하나만 존재해요. 그럼 그 세포는 전체를 차지하는 하나이니 전체에서 100%를 차지한다고 할 수 있어요.

그 세포가 다른 두 개의 세포를 증식시켰어요. 그럼 총 세 개의 세포가 생겼잖아요. 그럼 각 세포는 33.3%씩 차지해요.

세포가 하나만 존재할 때 자신은 100%를 갖고 있었는데, 증식이 되면서 33.3%로 줄었어요. 이렇게 비율이 줄어드는 걸 희석이라고 해요. 주식 보유 비율이 줄어드는 걸 '지분희석'이라 하고요.

처음 세포를 대표의 세포라고 하죠. 그럼 대표는 100%를 보유하고 있어요. 이후 유상증자를 통해 주식을 늘리고 두 명으로부터 투자를 받으면서 대표의 보유 지분이 33.3%가 되었다고 해요. 그럼 대표는 100%에서 33.3%로 지분희석된 거죠.

실제로는 이렇게 많은 지분희석이 이루어지는 건 아니에요. 예를 들어볼게요. 쉐어스쿨의 주식이 있어요. 대표인 비비안은 900

주(90%), 파트너인 에밀리는 100주(10%)를 소유하고 있을 때, 새로운 투자로 주식 100주를 발행한다고 해요. 쉐어스쿨의 주식은 기존의 주식 1,000주(100%)와 새로운 주식 100주를 합해 총 1,100가 되겠죠?

[주주 보유 주식 수 / 총 주식] = [주주의 지분율]이 돼요.

이 방법대로 계산을 하면,

비비안 : 900/1100 = 81.8%

에밀리 : 100/1100 = 9.1%

투자자 : 100/1100 = 9.1%가 돼요.

이렇게 투자자가 들어오면서 기존 주주(비비안과 에밀리)의 지분율이 줄어들게 되어요. 이게 지분희석이죠.

성공이 아니라 백억

부자가 아니라 백억 자산가

보다 구체적으로 꿈을 설계하다

'성공하고 싶다.' '돈을 많이 벌고 싶다.' 모호한 표현이잖아요. 어디까지 성공하고 싶은지, 무엇을 가져야 성공하는 것인지, 얼마나 벌고 싶은지, 확실하지 않아요. 어떤 기준이 있다고 해도 스스로 그것이 옳은 기준인지 판단하기도 쉽지 않고요. 모두들 다른 성공의 기준을 가지고 있으니까요.

그런 면에서 '백억'은 팀원들이 가지는 하나의 명확한 목적지가 됐어요. 어느 정도 벌어야 우리가 성공했다고 할 수 있는지, 어디까지 벌면 되는지 등 공동의 기준이 세워져 있는 거죠. 단순히 '부자'가 아니라, '백억 자산가'라고 정확히 짚어서 이야기할 수도 있고요. '명확한 끝'이 정의되어 있다는 거. 무한히 앞으로 갈 것이 아니라, 끝이 있다는 거. 백억에 의미를 하나 둘 부여하기 시작했어요.

'백억'이라는 단어가 처음에는 부담스러웠어요. 목표를 너무 크게 잡은 것이 아닌지, 과연 달성할 수 있을 만한 목표일지. 그러다

문샷 씽킹이란 걸 알게 됐어요. 달을 더 자세히 관찰하기 위해 망원경을 개발할 것이 아니라, 달로 직접 가보자는 혁신적 사고방식이죠. 불가능할 것 같은 목표를 설정하는 거예요. 그리고 그 목표를 이루기 위한 방법들을 찾는 것이죠. 그런 관점에서 보니 백억은 '적절한 목표'가 되었어요. 불가능하게 여겨지는 목표, 그렇기 때문에 도전할 가치가 있는 것이었죠. 가능한 목표라면 크게 매력적이지 않았을 거예요. 이후로 이 '백억'이라는 단어를 더욱 특별하게 인식하게 됐어요. 도전의 대상이 된 거죠. 문샷 씽킹, 달로 함께 가봅시다!

• **지분희석과 주식가치 상승** •

이렇게 보죠. 세포는 증식하여 세력을 늘리기도 하지만, 자기 자체로서도 몸집을 키워요. 작은 세포가 커지는 거예요. 이를 주식의 가치가 상승하는 것과 매치시켜 봐요. 1주에 1,000원 하던 게 10,000원이 되는 거. 작은 세포가 큰 세포가 되는 거. 액면가가 발행가가 되는 거.

스타트업이 유상증자를 하면 주주의 '지분율'은 떨어지지만 '보유 주식의 가치'는 증가해요. 에밀리가 보유하고 있던 1주의 가격이 1,000원이었는데, 10,000원이 되면, 에밀리는 십만 원을 보유하다가 1백만 원을 보유하게 돼요. 지분율은 10%에서 9.1%로 떨어졌지만, 보유 주식 가치는 십만 원에서 1백만 원으로 늘어나는 거죠.

이상적인 주식회사의 성장은 다음 두 가지를 동시에 함으로써 이루어져요.

세포가 커진다.

세포가 다른 세포를 증식시킨다.

세포가 커지는 것은 스타트업의 '발행가'가 커지는 것 (주식 가치가 커지는 것)을 의미하고, 세포가 증식하는 건 유상증자를 의미해요. 주식의 가격이 상승하면서 동시에 주식의 수가 늘어나면 스타트업의 가치가 큰 폭으로 성장해요.

5월

투자 가능성 검토 & 우리만의 투자 문화 만들기

5월

투자 검토 시작

실전에 들어서다

막상 투자를 하려니 고려해야 할 게 많았어요. 실제로 돈을 넣어야 하는 거잖아요. 스터디를 하고 창업가를 만날 때와는 또다른 부담이 있었죠.

마음에 드는 스타트업이 있다고 투자를 할 수 있는 게 아니에요. 전문성이 없으면 투자 계약서도 잘못 쓰거든요. 회사에 어떤 형태로 투자할 건지 계약서에 언급이 안 되는 거죠. 인터넷에 굴러다니는 투자 계약서 폼을 다운받아서, 창업가나 투자자가 감으로 내용을 적는 경우도 있어요.

정작 회사에 투자는 했는데, 지분 취득의 과정이 정식으로 이루어지지 않고 주주명부에 이름이 올라가지 않는 일이 발생할 수도 있어요. 창업가 중에 투자는 받지만 어떻게 투자를 받아야 하는지, 투자를 받고 법적 처리를 어떻게 해야 하는지 모르는 창업가들도 있어요. 이런 부분은 투자자가 잘 챙겨야 해요.

전문가들의 도움이 본격적으로 필요한 때가 되었죠. 우리는 그들을 그룹B라고 불렀어요. 별다른 뜻이 있는 건 아니고, 그냥 만든 이름이에요.

'그룹B'

그룹B는 아래와 같은 결정적인 역할로 투자에 도움을 주었어요.

1. 투자 검토 대상 스타트업들 고르기
2. 스타트업의 강점과 약점을 파악할 수 있는 질문 리스트 제작
3. 기업 분석, 실사, 기업가치 분석
4. 1차 및 2차 투표 방식 확정
5. 온라인/오프라인 IR 함께 참여
6. 투자 토론회 참여, 투자처 선정을 위한 논의 참여
7. 투자심사보고서 작성
8. 엔젤투자자 대상 기본 교육 진행

백억 파트너들은 열정은 있었지만 역량은 부족했어요. 인정할 건 인정해야죠. 기업의 회계, 재무, 비즈니스 모델 분석, 가치 평가, 세무 및 법률 이슈 체크 같은 건 일반인들이 쉽게 할 수 있는

게 아니잖아요. 말 그대로 전문적인 분야이니까요. 그런 전문적인 부분에서 함께 논할 수 있는 팀이 있다는 게 큰 행운이었죠.

'거인의 어깨에 올라타라'는 표현이 떠올랐어요. 그룹B 팀원들의 역량을 체감하면서요. '어떻게 그런 걸 생각해낼까?' 전혀 예상치 못 한 부분에서 스타트업의 리스크를 찾아낸다거나, 보완할 부분을 언급하는 걸 보면서 감탄했어요. 그들이 스타트업에 접근하는 모습을 보는 것만으로도 큰 공부가 되었죠. '이런 사람들과 팀을 이뤄 스타트업 투자를 함께 하다니…' 마치 거인의 어깨에 올라탄 것 같았어요.

• 데스벨리와 J커브 •

J커브는 데스벨리를 빼고는 설명이 불가능해요. J커브는 알파벳 J의 모양을 보고 알 수 있듯, 회사가 급격하게 성장하는 모습을 상징해요. 성장 지표가 상승 곡선을 만들고 있다는 거죠.

"그 스타트업은 J커브를 그리고 있어." 이런 식으로 표현해요.

데스벨리와 J커브

J커브를 그리는 스타트업은 데스벨리를 현명하게 넘긴 스타트업이에요. J의 밑둥은 둥그런 반원의 아랫부분처럼 생겼잖아요. 그 구간이 데스벨리에요. 데스벨리를 경험하지 않은 스타트업이 J커브를 만들 수는 없어요. J커브에서 가파르게 상승하는 구간은 데스벨리에서 축적된 에너지와 끈기, 집념, 그리고 실패의 경험이에요. 운으로 성공한 사업은 운이 다하면 망하잖아요. 탄탄한 실력을 바탕으로 사업을 세워야 하는데, 그 탄탄한 실력이 데스벨리 구간에서 만들어져요.

데스벨리를 통해 창업가가 배울 수 있는 것들

1. 투자자와 소통하는 법을 배워요.

투자자를 배우는 것이죠. 투자자가 창업가에게 아쉬워하는 건 대체로 소통에서 비롯되어요. 투자자도 사업이 어렵다는 걸 알고, 실패 리스크가 있다는 것도 알잖아요. 그걸 알고 투자하는 것이고요. 그렇기 때문에 창업가는 사업체가 어려운 상황을 맞이할 경우 터놓고 투자자에게 이야기하는 것이 좋아요. 하지만 경험이 부족한 창업가는 좋은 모습을 보이고자 하는 마음에 좋은 소식을 전할 수 있을 때까지 기다리는 경우가 있어요. 그러다 소통이 뜸해지고, 상황을 파악한 투자자는 아쉬움을 토로하죠. 경험이 많은 엔젤투자자들은 대개 두세 번 정도 투자를 받고 창업에 실패한 경험이 있는 창업가에게 투자하는 걸 선호해요. 투자를 받고 창업에 실패하는 과정에 배울 수 있는 게 많다고 생각하는 것이죠. 값진 경험을 했다는 거. 그렇게 힘든 과정을 경험하고도 다시 창업을 했다는 건 과거의 교훈을 발판 삼아 새로운 기회를 찾았다는 것이고요. 어떤 경우 창업가는 두려움 때문에 사업을 포기하는 경우도 있어요. 두 번 다시 사업하지 않는다고 마음먹고요. 안타까운 경우이죠. 하지만 그런 두려움을 극복하고 재창업을 하는 창업가에게는 특별한 게 있다는 걸 투자자도 아는 거예요. 강한 멘탈뿐만 아니라 기회를 현실화할 확률을 더 높일 수 있는 창업가로 새로 태어난 거죠.

2. 사업을 함께 만드는 구성원들에 대한 소중함을 배워요.

데스벨리 동안 창업가는 홀로 많은 눈물을 흘려요. 미안한 마음에요. 간절한 마음에요. 특히 함께 고생하는 팀원들에게 미안한 마음이 커요. 제대로 된 급여를 주지 못하지만 누구보다 열정적으로 사업에 참여하는 초기 팀원들을 보면 반드시 성공해야겠다는 마음을 먹게 되죠. 매출과 영업이익을 일으키고 팀원들에게 급여를 줄 수 있다는 게 얼마나 감사한 일인지 배워요. 팀원들에 대한 각별한 애정은 이런 경험을 통해 만들어져요. 이런 간절한 마음과 결심은 책을 통해 배울 수 있는 게 아니에요. 몇 달, 몇 년을 함께 고생한 식구들을 보며 가슴에 새겨지는 거죠. 식구들이 따뜻한 밥 먹고 살 수 있는 거, 그것에 감사하게 돼요.

3. 일을 배워요.

데스벨리를 겪는 동안 진정한 창업이 무엇인지 배워요. 작은 일을 잘 수행하고, 고객에게 완벽한 서비스를 제공하는 게 얼마나 중요한 건지 배워요. 스타트업은 완벽한 제품과 서비스를 보유하지 않은 상태의 사업체에요. 불완전한 상태의 제품과 서비스를 가지고 고객과 첫 소통하죠. 그러면서 제품이나 서비스의 기능을 날카롭게 만드는 걸 배워요. 여러 기능으로 고객을 충족시키지는 못하지만, 딱 하나의 기능을 완벽하게 만들어서 고객에게 제공하고 고객 만족도를 올리는 거예요. 그 과정에 제품과 서비스의 전반적인 완성도를 올리죠.

대개 앞으로 사업을 밀고 나가지 못하는 스타트업은 서비스가 뭉뚱그려져 있다는 느낌을 받아요. 고객에게 무엇을 줄지는 아는데, 그것이 날카롭지 않은 거죠. 너무 주고 싶은 게 많아서요. 그러다 보니 개발에도 돈이 많이 들고, 제대로된 하나의 서비스도 만들어내지 못해요. 데스벨리 구간에서 리더는 초인적인 역량을 발휘해야 해요. 단순히 '결연한 마음'이 아니라 실질적으로 고객에게 제공할 수 있는 가치를 뽑아내야만 하죠. 그래야 성과 지표를 만들고 투자유치를 해서 살아남을 수 있으니까요. 데스벨리는 창업가가 날카로운 하나의 서비스를 만들도록 교훈을 주는 스승과 같아요.

혹시 데스벨리를 경험하고 있는 스타트업이 주변에 있나요? 그럼, 곧 데스벨리를 극복하고 로켓 성장을 만들 스타트업인지 더 깊이 분석해볼 필요가 있어요. 단순히 '힘든 상황에 있구나.'라고만 생각하면 J커브를 만들 스타트업을 발굴할 수 없어요.

스타트업 선정

10개 투자 후보 스타트업

두 번의 투표로 투자처를 정하기로 계획하다

엔젤투자는 폐쇄적인 면도 있어요. 아는 사람들끼리만 하는 투자. 소수의 몇 명이 투자처를 결정하고, 개인 투자자들은 따라가는 투자. 어쩌면 이런 투자 방식 때문에 엔젤투자가 대중의 관심에서 소외된 것인지도 몰라요.

우린 조금 다른 형태를 원했어요. 새로운 엔젤투자 문화를 만들기를 원했죠. "투자자가 투자를 결정할 수 있는 형태를 만들면 어떨까?" "누가 이미 골라둔 투자처에 투자할지 말지 결정하는 게 아니라, 투자자들이 투자처를 함께 선택하는 거야. 그럼 더 재밌게 투자할 수 있지 않을까?"

투자자들이 투자를 결정하는 형태가 필요했어요. 단순하게 투표가 떠올랐죠. 투표로 제대로 투자처가 결정될지 여전히 의문은 남았지만, 큰 방향은 투자자가 투자처 결정하자였어요.

선정된 10개 스타트업은 다음과 같아요.

프롭테크, 푸드테그, 핀테크, 헬스케어, 인공지능, 럭셔리 브랜드, 펫테크, 대학생 인턴 & 취업 플랫폼, 배달대행 플랫폼.

프롭테크 스타트업이 2곳, 나머지는 각자 다른 영역에 있는 스타트업들.

프롭테크 : Property + Technoloty : 부동산에 테크를 접목시킨 비즈니스

푸드테크 : Food + Technology : 식음료에 테크를 접목시킨 비즈니즈

핀테크 : Financial + Technology : 금융에 테크를 접목시킨 비즈니스

펫테크 : Pet + Technology : 애완동물 산업에 테크를 접목시킨 비즈니스

• 사모 & 공모 •

　사모펀드(Private Equity)는 비공개적으로 소수의 출자자들에게 출자를 받아 펀드를 결성하는 방식을 의미해요. 사적인 자본이죠. 스타트업이 투자 유치를 통해 바라는 유치 금액의 규모가 작지 않기에 개인이 투자하는 것에는 한계가 있어요. 그렇기에 대부분 펀드라는 형태로 투자를 진행해요. 펀드는 크게 두 가지 형태인 개인투자조합과 벤처투자조합으로 나뉘는데 이 두 펀드(조합)는 49인 이하로 제한된 사모 방식의 출자로만 결성할 수 있어요.

　국내에서는 사모펀드가 좁은 의미로는 바이아웃(Buy-out) 투자 방식의 경영 참여형 PEF(Private Equity Fund)를 뜻하기도 해요.

　공모는 공개모집이 가능한 방식을 말해요. 50인 이상을 대상으로 공개적으로 펀드를 모집하고 인원의 제한이 없어요. 주식, 금융상품의 펀드, 크라우드 펀딩 등 일반적으로 알고 있는 펀드의 형태들을 뜻해요.

  이 사모와 공모의 방식을 명확히 이해하는 것은 아주 중요해요. 개인투자조합 또는 벤처투자조합으로 펀드 결성을 진행할 때 사모가 아닌 공모의 형태로 펀딩을 진행한다면 법적으로 크게 문제가 되기에 결성 방식에 주의에 또 주의를 기울여야 해요.

  * 바이아웃 : 기업 지분의 상당 부분을 인수하고, 경영을 통해 기업 가치를 끌어올려 다시 매각하는 형태의 투자 방식.

창업가, 투자자 소통

카카오톡 단체톡 '제갈공명 파트너즈'

창업가와 투자자의 접점을 늘리다

왜 소수의 몇 명이 투자처를 결정하고 나머지 개인 투자자들이 따라가는 형태로 만들어지는지 알게 됐어요. 10개의 스타트업을 모든 투자자들이 만날 수 없었거든요. 투자를 결정하려면 정보를 알아야 하잖아요. 정보를 알기 위해서는 만나고 이야기해봐야 하고요. 이게 개인 투자자 입장에서 어려운 일이에요. 투자로 백억을 벌겠다는 우리도 10개의 스타트업을 다 만나려니 엄두가 안 나는데, '투자 한번 해볼까' 생각하는 개인 투자자가 10개 스타트업을 만나러 다닌다는 게 말이 안 되는 거죠.

그래도 어떻게든 방법은 풀어야 했어요. 기존 방법대로 간다면 역시나 '흥미가 떨어지는 투자'가 될 거니, 새로운 방법을 찾아야 했죠. 소수 몇 명이 리드하는 투자가 아니라, 다수가 참여하고 결정하는 투자.

논의 끝에 방향이 나왔어요. "단체톡을 만들고 그곳에 모두를 초대하자." 제대로 소통이 될지 염려도 있었지만, 가장 빠르게 모든 투자자들과 창업가들이 소통하는 방법은 '단체톡'이었어요.

• 러닝커브, Learning Curve •

데스밸리에서 J커브로 넘어가는 스타트업도 있고, 데스밸리에서 좀비가 되는 스타트업도 있어요. 좀비는 말 그대로 산 건지 죽은 건지 모를 상태로 존재하는 스타트업을 뜻해요. 폐업하지 않고 법인만 남겨두는 거예요.

이때 좀비가 되느냐, J커브를 만드느냐의 차이는 리더의 러닝커브에 달렸어요. 스타트업의 대표가 얼마나 빨리, 잘 학습하느냐에 달린 거죠.

러닝커브는 투자를 결정하는 핵심 요소 중 하나에요. 리더의 러닝커브를 확인하는 방법이 있어요. 대화를 나눠보고 자료를 요청하는 거예요. 대화를 나눌 때 창업가나 스타트업에 보완할 부분을 파악하고 그 부분을 가지고 소통을 해봐요. 그리고 1, 2주 정도 시간이 지난 후 이야기한 부분에 대해 창업가가 어떤 대응을 했는지 보는 거죠. 투자자가 제시한 방향이 맞지 않다고 스타트업의 운영

조직에서 판단할 수도 있어요. 바로 실행이 불가능한 경우일 수도 있고요. 그런 경우에도 피드백을 주고받을 필요가 있어요. 투자자의 조언이 모두 옳은 것은 아니니까요. 보완할 부분을 스타트업의 상황에 맞게 실행하고 있다면 진행하고 있는 걸 투자자에게 이야기해 줄 거예요. 이처럼 러닝커브가 좋은 창업가의 경우에는 투자자와 소통한 부분에 대한 후속 피드백 혹은 보완하고 있는 부분에 관해 투자자에게 이야기를 해요. 피드백이 바로 바로 나오는 거죠.

반면 러닝커브가 떨어지는 창업가는 한 귀로 듣고 한 귀로 흘릴 거예요. 단순히 투자자의 코멘트에만 그런 게 아니라, 팀원들, 고객에 대해서도 유사한 반응을 보일 거고요. 미팅을 할 때 예전 미팅 때 했던 이야기를 반복해서 하는 경향도 있어요.

추가로 회사에 자료를 요청해 보는 것도 러닝커브를 확인하는 방법이에요. 투자자가 요청하는 자료에 대한 이해, 자료의 내용을 확인하기 위한 소통, 자료를 보내는 데 걸리는 시간, 자료의 퀄리티, 이런 것들을 보면 일을 해내는 실력을 파악할 수 있어요.

단독 초대

소통 활성화

10개의 스타트업, 투자자들이 모두 모이다

슈엣 : "투자유치를 하는 10개의 스타트업들을 한 방에 함께 둬도 괜찮을까?"

비비안 : "너무 정신없지 않을까? 서로 투자해 달라고 난리날 것 같은데."

염려가 있었죠. 서로 자기 사업을 홍보하겠다고, 투자받겠다고 난장판이 되는 건 아닌지 염려했어요. 그건 기우였어요. 전혀 그렇지 않았거든요. 오히려 차분했다고나 할까요. 단톡에 들어온 대표들은 투자자들의 질문에 대해 답변하고, 드물게 보도자료가 나왔거나 공유할 자료가 있으면 톡에 올렸어요. 전반적으로는 차분하고 질서정연한 분위기에서 소통이 되었죠.

투자자들이 특히 좋아했어요. 각 스타트업의 대표에게 직접 무언가를 물어볼 수 있는 환경이 조성된 것이니까요. 보통은 투자를 주관하는 GP에게 묻고 건너서 답변을 듣는 식인데, 톡에서는 직접 물을 수 있으니까요. 다음 번에도 이런 식으로 진행하면 될 것 같다는 계산이 나왔어요. 창업가는 한 번에 더 많은 투자자들에게 사업을 소개할 기회를 얻고, 투자자는 궁금한 걸 바로 묻고 답을 얻을 수 있으니, 서로에게 이득이 되는 소통 방식이었어요.

에밀리는 톡에 나온 질문과 대답, 기사 링크, 동영상 링크를 모두 정리했어요. 톡을 바로바로 확인 못 하는 투자자들도 있었거든요. 그런 분들은 에밀리가 워드파일에 정리한 대화 내용을 훑는 식으로 질문과 대답을 볼 수 있었죠.

• 피벗 •

　피벗 (Pivot)은 '중심 축을 바꾸다'는 동사에요. '피벗한다' 또는 '피벗팅'이라고 하면 중심 축을 바꾸는 걸 뜻하죠. 스타트업에서 중심 축을 바꾼다는 건 성장의 단계마다 고객 서비스 방식을 조금씩 바꾸거나, 주요한 사업의 운영 방식에 변화를 준다는 의미에요. 스타트업은 빠르게 성장하기 때문에 고객의 수가 늘어나는 과정에 고객에게 제공하는 서비스 및 서비스 제공 방식이 바뀌어야 하거든요. 고객이 10명일 때와 1,000명일 때 사업을 운영하는 방식이 같을 수 없죠. 때로는 사업 모델이 크게 변하는 경우도 있어요. 그것 역시 피벗의 하나이죠. 투자자가 볼 때는 사업 모델이 계속해서 바뀌는 게 좋아 보이지 않을 수도 있어요. 하지만 스타트업은 주변 시장의 반응을 읽고 빠르게 변해야 해요. 서비스를 실험하면서 시장의 반응을 읽고, 거기에 맞춰 사업 모델이나 주요한 서비스 제공 방식이 바뀌는 것이죠. 만약 별로 변화가 없는 스타트업이라고 하면 오히려 경계할 필요가 있어요. 정체되어 있는 것일 수 있으니까요. 스타트업의 성장은 눈에 보일 정도가 되어야 해요. 그것은 피벗을 통해 알 수 있고요. 그러니 피벗이 된다고 해서 걱정할 필요는 없어요.

에밀리 : "얼마를 투자할 수 있을까?"

브라이언 : "개인투자조합이면 1억 이상은 되어야지."

밥 : "우리끼리는 1억이 안 될 것 같은데, 어떡하지?"

백억 파트너 다섯 명이 500만 원씩 모으면 2,500만 원.

비비안 : "스타트업이 2,500만 원도 투자를 받나? 2,500만 원을 투자받은 스타트업은 그걸로 뭘 할 수 있지?"

다섯 명이 돈을 모으니 부족했어요. 그 정도의 돈을 받아서 유효한 지표를 만들기도 어려웠죠.

브라이언 : "개인투자조합을 만들어야지. 개인투자조합은 1억 이상이 되면 만들 수 있어."

돈이 많은 개인 엔젤은 한두 명이서 투자를 해도 될 거예요. 충분한 투자금이 되니까요. 하지만 직장 다니는 대부분의 투자자들에게는 엔젤투자가 부담스러울 수 있어요. 레버리지 (대출)를 활용해서 투자할 수도 없고, 투자 원금을 오랜 기간 동안 묶어놓아야 하니까요. 현금이 필요할 때 바로 현금화할 수도 없고.

그래서 엔젤투자자들은 '개인투자조합'을 활용해요. 개인투자조합은 엔젤투자자 여럿이 모여, 돈을 모아서 투자하는 것이죠.

> 슈엣 : "와, 그런 방법이 있었구나. 하긴, 그러면 개인당 투자에 대한 부담도 줄 거 아냐. 많은 투자자들을 모으면 투자금도 커지니 스타트업에 충분한 투자를 할 수도 있고!"
>
> 비비안 : "우리도 개인투자조합을 만들어 보자! 고고!"

지인들에게 스타트업 투자를 소개했어요. 우리가 소통하고 있는 10개 스타트업의 대표, 사업을 소개하면서 함께 스타트업 투자를 검토해 보자고 했죠. 정말 투자하고 싶은 스타트업이 있으면 나중에 조합을 만들 때 참여할 수도 있다고 안내했어요.

• 대표 및 공동창업자 지분율 •

간혹 지분율 이슈가 나오기도 해요. 대표의 지분율이 너무 적은 경우에 문제가 되죠. 대표의 지분이 적다는 건, 공동창업자나 투자자가 상대적으로 많은 지분을 갖고 있다는 거예요.

투자자가 선호하는 지분율은 엔젤이나 프리 A 라운드에서 대표가 85% 이상 보유하는 거예요. 그래야 투자 라운드가 올라가면서 대표 지분이 희석되어도 경영권을 가질 수 있다고 판단하는 거죠. 엔젤에서 공동창업자에게 30%, 개인 엔젤에게 10%를 주면 대표는 60%만 보유하게 돼요. 프리 A 라운드로 올라가면 대표 지분율은 50% 미만으로 떨어지고, 투자자는 이 부분을 염려해요. 아직 갈 길이 먼데, 대표의 지분이 충분하지 않다는 거죠.

투자자는 공동창업자, 개인 엔젤, 기타 이해관계인이 어떻게 지분을 보유하고 있는지 면밀하게 파악해야 해요. 어처구니 없이 지분이 분배된 경우가 있을 수도 있거든요. 예를 들면 어떤 컨설팅을 받았는데, 지분으로 대가를 지급하는 경우이죠. 그렇게도 가능하지만 과하면 문제가 되어요. 조언 조금 하고 지분을 5% 정도 보유한다? 투자자가 볼 때 지분 관리 능력이 없는 거예요. 투자 검토 시에 마이너스 요인으로 작용해요. 동시에 공동창업자 지분율도 적절하게 분배가 된 상태인지 파악해야 하고요. CTO 등 C-level 임원이라 해도 스타트업의 경우 지분율은 5~10% 정도가 적절해요.

Q&A

Q. 투자 라운드 올라가면서 지분 희석이 얼마나 되나요?
A. 보통 대표의 지분이 5% ~ 15% 정도 희석된다고 보면 될 듯합니다. 투자 라운드에 대한 개념은 3장 〈투자 라운드〉에서 참고하세요.

Q. CTO, C-level은 무엇을 의미하나요?
A. CTO는 Chief Technology Officer로 최고기술책임자를 뜻해요. 스타트업에서 기술 책임자로서는 최고 직급을 의미하죠. C-level은 CTO, CMO, COO 등 각 직책의 최고 책임자를 뜻해

요.

CMO : Chief Marketing Officer, 최고마케팅책임자

COO : Chief Operating Officer, 최고운영책임자

지인들에게 엔젤투자를 소개

엔젤투자자들에게 이메일 발송

카카오톡 단톡 참여자들이 늘어나다

단톡 참여 인원이 늘어나기 시작했어요. 그러면서 소통도 활발해졌죠. 액셀러레이터, 벤처캐피탈에서도 들어왔어요.

"우리가 다 투자할 순 없잖아. 스타트업 대표들은 어차피 투자 유치를 하고. 만약 다른 투자회사에서 투자를 원하면 그것도 괜찮다고 하자."

운영 주체는 우리였지만, 만에 하나 톡에 들어 있는 다른 투자사에서 투자를 하겠다고 하면, 우리가 괜히 딴지 걸지 말자는 거였죠. 어차피 공개된 곳에서 소통하는 것이니, 그런 부분이 나올 수도 있고, 나와도 괜찮다는 거. 우린 투자를 못해서 아쉽지만 스타트업은 투자를 받아서 좋고, 투자자나 투자회사도 투자처를 발굴한 거니 좋은 거죠.

이런 형태로 운영하니 창업가와 투자자, 투자회사 모두 각자의 니즈를 가지고 단톡에 참여할 수 있었어요. 창업가는 한 번에 더 많은 투자자들과 소통할 수 있고, 우리는 투자자들이 던지는 날카로운 질문으로 스타트업 투자를 배울 수 있었고요.

• AC & VC •

　스타트업은 빠르게 성장하는 기업이에요. 그 빠른 성장을 이뤄낼 수 있도록 투자와 조력을 하는 곳이 AC와 VC죠. AC는 Accelerator, VC는 Venture Capital의 약자예요.

　VC는 혁신적이고 경쟁력 있는 벤처기업, 스타트업을 발굴해요. 그리고 이들을 주 대상으로 육성, 투자사업을 수행해요. 모험적 성격이 강한 투자로, 투자 성공 시에 무척이나 큰 수익을 얻을 수 있어요. 창업투자회사(창투사), 유한책임회사(LLC), 해외펀드운용사, 기업형밴처캐피털(CVC), 신기술사업금융사(신기사) 등 다양한 회사 형태가 있고, 그 형태에 따라 자본금 여건 및 규제 사항, 투자 성격 등에 차이가 있어요.

　AC란 초기 스타트업에 투자와 함께 종합적인 조력을 통해 스타트업의 성장을 가속화(Accelerating)하는 기업을 뜻해요. AC의 시작은 2005년 미국의 와이콤비네이터(Y-combinator)에요. 정해진 기간 동안 스타트업들을 선별해 초기 단계의 투자와 함께 멘토링, 교육 등을 제공하고 데모데이라는 졸업식을 진행했던 것이 시초이죠. 데모데이는 교육 프로그램 기간 동안 성장한 결과를 IR 형태로 공유하며 스타트업과 투자자가 만나는 행사를 의미해요.

일반적으로 알려진 AC와 VC의 차이는 투자 단계에 있어요. AC는 초기 단계에 투자 비중이 높고 VC는 중기, 후기 단계에 투자 비중이 높은 편이에요. 하지만 최근에는 VC도 초기 단계에서부터 투자를 하기도 하고, AC 역시 VC와 비슷한 규모의 투자를 하기도 해요. 또한 VC도 피투자사의 성장을 위해 다방면에서 조력을 하고 있어 AC와 초기 단계의 VC의 경계가 옅어지고 있는 편이에요.

22년 6월 기준 한국에는 116개의 AC와 172개의 VC가 있어요. AC, VC마다 추구하는 투자 분야가 다르고, 설령 같은 회사라 하더라도 담당 파트너/심사역, 펀드의 결성 목적에 따라 투자의 방향성이 달라지기도 해요.

AC, VC들에 대해 조금 더 궁금한 분들은 아래의 홈페이지로 접속해보세요.

*한국밴처캐피탈협회 : http://www.kvca.or.kr/

*한국엑셀러레이터협회 : http://www.k-ac.or.kr/

단톡의 목적

선택과 집중

검토하는 10개 스타트업들과 소통에 집중하다

　단톡에는 다양한 사람들이 모여요. 자기 홍보, 뉴스 공유, 사진 공유 등 커뮤니티 운영을 하다 보면 다양한 목적으로 사람들이 들어온다는 걸 알 수 있죠. 지인들의 소개를 통해, 이메일 초대를 통해 톡에는 점점 더 많은 사람들이 들어왔어요.

　커뮤니티의 목적성을 분명히 하지 않으면 대화의 내용이 산으로 가요. 선택과 집중을 하기로 했죠.

　"10개 스타트업과의 소통에만 집중할게요!"

　메시지를 반복해서 전달했어요. 효과가 있었어요. 90%의 대화는 10개 스타트업들과 소통하는 내용이었거든요. 투자자는 질문하고, 창업가는 답변하는 형태였어요. 창업가가 자신의 회사에 어떤 뉴스가 있으면 그걸 공유하기도 하고요. 한두 달 되는 검토의 기간이었지만 그 사이에도 스타트업들은 뉴스를 만들어 내더라고요. 빠르게 성장한다는 게 어떤 건지 알 수 있었죠.

• AC & VC의 투자 •

　AC와 VC는 '펀드'의 형태로 투자를 집행해요. 투자금 전부를 자기자본으로 조달하기에는 스타트업 투자 금액은 너무 거대하거든요. 그렇기에 개인투자조합, 벤처투자조합 등의 형태로 외부로부터 자금을 유치해 펀드를 결성해요.

　펀드는 크게 개인투자조합 또는 벤처투자조합이라는 사모 형태의 펀드로 결성돼요. 여기서 펀드를 운영하는 주체를 GP, 펀드에 출자한 출자자들을 LP라고 불러요. GP는 투자의 집행과 회수 의사 결정, 펀드의 운용 및 자산관리를 전적으로 책임져요. LP는 이 과정에 간접적으로 참여할 수 있어요. 두 조합의 차이는 크게 조합원의 구성원과 출자금액으로 구분할 수 있어요. 개인투자조합은 출자금 총액이 1억 원 이상이어야 하고 법인과 같은 회사가 LP로 참여할 수 없어요. (개인이 만든 개인투자조합에는 법인이 참여할 수 없지만, AC와 같은 기관에서 만든 개인투자조합에는 법인이 출자를 할 수 있어요.) 벤처투자조합은 출자금 총액이 20억 원 이상이어야 하고 법인과 같은 회사도 LP로 참여할 수 있어요.

VC는 설립 요건에 따라 회사의 형태가 나뉘어요. 창투사는 상법상 주식회사로 분류되고 자본금 20억 원 이상, 전문 인력 2인 이상으로 설립이 가능해요. LLC는 상법상 유한회사로 분류되고 자본금의 요건이 따로 없다는 것이 장점이에요. 신기사는 자본금 100억 원 이상이 필요해요. 덩치가 큰 만큼 벤처투자조합뿐만 아니라 다양한 조합을 결성할 수 있어요. CVC는 기업형 벤처캐피탈로 모기업의 사업에 도움이 되는 스타트업들을 찾아 투자를 집행해요.

투자를 하는 목적에는 크게 2가지가 있어요. 재무적 투자와 전략적 투자. 재무적 투자는 스타트업이 크게 성장한 이후, 투자금을 회수함으로써 재무적 이익을 얻는 것을 목적으로 하는 투자에요. 전략적 투자는 수익 외에도 다양한 목적을 가진 투자에요. 시장 동향 파악, 신기술 확보, 신사업 발굴 등 여러 목적을 가지고 있어요. CVC가 전략적 투자를 주로 집행하는 대표적인 곳이에요.

*GP : General Partner, 업무집행조합원
*LP : Limited Partner, 유한책임조합원
*LLC : Limited Liability Company 유한책임회사
*CVC : Corporate Venture Capital 기업형 벤처캐피탈

단톡 분위기 활성화

더 많은 소통이 가능하도록

백억 파트너, 단톡에서 각자의 역할을 맡다

비비안은 이모티콘으로 단톡의 분위기를 띄웠어요. 슈엣은 창업가의 사업소개나 설명에 답글로 항상 호응을 해주었죠. 브라이언은 매일 1시에 새로운 질문을 올렸어요. 각자의 작은 역할을 합치니, 단톡이 활성화되기 시작했어요.

'일반 엔젤투자자가 할 수 있는 액셀러레이팅은 뭘까?'

기업에 재무전략을 수립해주는 것, 법률검토 해주는 것, 세무 관련 상담을 해주는 것. 이런 것들은 전문 역량을 갖춰야만 할 수 있잖아요. 꼭 전문 역량을 갖추지 않은 일반 엔젤투자자들이 할 수 있는 액셀러레이팅이 무엇이 있을지 생각해볼 기회가 있었어요. 작고 소소한 활동들이 쌓여 스타트업의 성장에 영향을 줄 수 있는 게 있을지. 있다면 무엇일지.

전문 컨설팅을 하면 가장 효과적일 순 있지만, 그런 일을 무료

봉사 하는 것도 쉽지 않고요. 분명 소소한 활동들로도 스타트업이나 창업가에 긍정적인 영향을 끼치는 일을 있을 걸로 봤거든요. 그리고 그런 일들로 정의할 수 있을 때 개인 엔젤들의 기여가 커질 거니까요.

가장 큰 것 중 하나는 분위기를 활성화시키는 것이었어요. 예를 들면 우리가 운영하는 단톡방의 분위기를 활성화시키는 것이죠. 그럼, 그런 활력 때문에 사업을 소개하는 스타트업도 신이 나고, 참여하는 개인들도 어떤 희망의 에너지를 더 느끼니까요. 그런 면에서 봤을 때 비비안, 슈엣, 브라이언, 에밀리의 적극적인 단톡 활동이 실제 도움이 된 듯해요. 단톡에 참여하는 인원이 점점 늘어났어요. 지인들의 소개로 새로운 사람들이 들어오면서요.

• 스타트업의 기업가치 산정 •

스타트업의 기업가치를 정하는 건 쉽고 단순해요. 쉽고 단순하면서도 복잡하고 어렵죠. 보기 나름이에요. 주관이 아주 많이 작용하고 절대적 기준이 없어요.

미국의 유명 엔젤은 체크리스트를 만들어 두고, 그 체크리스트에 체크된 내용을 바탕으로 가치를 산정해요. 개발은 어느 정도 완료됐는지, 팀 구성은 어떤지, 시장 규모는 얼마나 큰지, 이런 걸 체크하고 점수를 매기는 거예요.

VC Quick Valuation이라는 것도 있어요. VC들이 빠르게 대략적인 기업가치를 산정하는 방식이죠. 기업에 필요한 투자금을 파악하고 그걸 바탕으로 기업가치를 끼워 맞추는 거예요. 그렇게 스타트업과 대화를 시작하고, 그 가치가 맞는지 논리를 섬세하게 찾아가면서 최종 기업가치가 결정되어요.

그밖에 DCF와 시장접근법이 있어요. DCF, 현금흐름 할인법

인법 (Discounted Cash Flow Method)은 기업의 미래의 현금 흐름을 현재의 가치로 할인하여 측정하는 방법이고, 시장접근법 (Market approach)은 유사 기업의 기업 가치를 통해 평가하는 방법이에요.

기업가치는 엔젤의 경우 투자자가 가이드를 잡아주는 게 좋아요. 어느 정도의 가치로 투자를 받아야 하는지 모르는 경우가 많거든요. 보통은 40억 미만의 기업가치를 지닌 스타트업들이 가이드를 원해요. 투자유치 경험이 없으니까요. 엔젤투자를 유치하고 성장을 하고 있는 스타트업의 경우 자기 기준의 기업가치가 있어요. 그 기준을 기반으로 소통하면서 정확한 밸류 즉 기업가치를 책정하고 투자하죠. 기업가치는 처음에 스타트업에서 제시해요.

Q&A

Q. 기업가치를 부풀리거나 축소시키는 일은 없나요?
A. 스타트업의 가치는 창업가와 투자자가 합의를 이루었을 때 만들어져요. 창업가가 "우리 회사의 기업 가치는 100억입니다."라고 말해도 투자자가 투자하지 않으면 그 가치가 형성되지 않는 것이죠.

부풀리거나 축소한다고 표현하기는 어려운 것이, 스타트업 가치는 절대적으로 평가가 불가능해요. A라는 투자자는 스타트업이 보유하고 있는 지식재산권에 대해 가치를 인정하지만, B라는 투자자는 인정하지 않을 수도 있거든요. 지식재산권으로 인해 A는 100억 가치를 인정하지만, B는 인정하지 않을 수 있어요. 이는 선택의 차이이죠. 그래서 A는 투자를 하지만 B는 투자를 하지 않는 거예요.

Q. 부풀릴 경우 어떤 문제가 있나요?
A. 만약 과한 가치로 투자를 받을 경우 다음 투자유치에 어려움을 겪어요. 다음 투자유치 때는 더 높은 가치로 다음 투자자에게 제시해야 하는데, 그정도의 성과를 만들었는지가 핵심이죠. 물론, 성과가 받쳐준다면 가치를 더 크게 키우고 다음 투자를 유치할 수도 있어요.

Q. 기업가치가 적정한지 어떻게 판단할 수 있을까요?
A. 많이 소통하는 과정에 가치로 매겨질 수 있는 항목들을 나열하고 그것들을 합하며, 리스크로 매겨질 수 있는 항목들을 나열하고 그것들을 빼면 돼요. 이론적으로는요. 그렇게 대략적인 가치

범위를 정한 후 창업가와 합의하는 거죠.

스타트업의 팀 구성은 숫자로 평가하기 모호하잖아요. 그렇지만 어떻게든 수치화해보는 거죠. A라는 스타트업 팀은 대학생들로 구성되어 있고, B라는 스타트업 팀은 엑시트 경험이 있는 창업팀으로 구성되었다고 가정해 봐요. 그럼 A와 B의 가치가 같을 수 있을까요? 다르다면 왜 다른 걸까요? 팀 구성만 가치 평가의 기준이라고 한다면 A는 5억, B는 30억 정도로 잡아보면 어떨까요? 다섯 명의 팀원들이 있고, A는 각 1억 가치, B는 각 6억 가치를 지닌다고 가정하는 거죠. 이처럼 스타트업의 가치는 주관적으로 판단될 수밖에 없어요. 많은 소통을 통해 합의에 이르는 가치가 적정 가치로 보여지네요.

투표

6개 스타트업 선정

1차 투표를 시행하다

총 두 번의 결정 과정을 통해 최종 투자처를 정하기로 했어요. 1차 투표와 2차 투표. 1차 투표의 날이 다가오고 있었죠. 1차 투표는 네이버 오피스를 활용했어요. 네이버 오피스에서 투표 문서를 생성하고, 문서를 링크로 공유했어요.

두근두근.

10개 스타트업 중 선택의 과정을 통해 한두 개 스타트업을 남겨야 했어요. 10개 스타트업 모두에 투자할 순 없으니까요. "어떤 과정을 통해 투자할 회사를 결정할 수 있을까?" 파트너들과 회의 후 1차는 투표를 하기로 했어요. 우선, 5~6개 기업을 선정하는 과정이었죠. "어떻게 하면 재밌게 투자할 수 있을까?" "상위 2개, 하위 3개를 뽑자."

우리가 선정한 기업은 우리 기준에서 선정된 기업들일 텐데 '하위'로 낙인 찍는 것 같아 불편했어요. 다수의 투자자들이 단톡에 들어가 있는데, 거기서 탈락한 기업이라는 인식을 주는 게 불편했던 거죠. 그래서 다음과 같은 용어를 썼어요. 관심 기업 2곳, 보류 5곳, 투자 검토 대상에서 제외 3곳.

그렇게 1차 투표가 진행되었죠!

"어떤 회사에 투자하면 되나요?"

우연히 구루(Guru: 스승의 경지에 도달한 사람)를 만났어요. 투자 업계에서 잔뼈가 굵은 분이었죠. 차를 한잔 하면서 그 분의 이야기를 들었어요. 그중 기억에 남는 대화가 있어요.

> "수많은 회사들의 흥망성쇠를 봤지. 어떤 회사가 실패하고 어떤 회사가 성공하는지. 성공하는 회사의 공통점이 딱 한 가지 있었어. 그게 어떤 건지 아나?"
>
> "글쎄요. 그게 뭔가요?"
>
> "사람. 성공하는 조직의 리더는 사람을 사랑해. 자기 직원들을 아껴. 직원들을 대하는 걸 보면 성장할 회사인지 알 수 있지. 난 그런 회사에 투자해."

어떤가요? 원론적인 이야기 같나요? 직원을 사랑하는 대표. 너무 이상적인가요?

• 창업가 (創業家), 사업가 (社業家), 기업가 (企業家) •

창업가는 일을 만드는 일을 해요. 사업가는 사람을 모으는 일을 하고요. 기업가는 뜻을 세우는 일을 해요.

일을 잘 만들면 사람이 모여요. 사람이 모이면 뜻이 세워지고요.

일을 잘 만들기 전에 사람이 모이면 문제가 생겨요. 기대했던 일을 할 수 없는 사람들, 기대했던 일이 이루어지지 않아 실망하는 사람들이 생기거든요.

투자자는 창업가가 창업가로서의 자질이 있는지 살펴야 해요. 일을 잘 만들 수 있는 사람인지 보아야 한다는 거죠. 달콤한 말로 사람들을 모으는 것만 잘하는 리더도 있어요. 문제는 모이고 나서 일이 만들어지지 않아 사업화가 안 된다는 거예요. 일은 팀원이 하는 것 아니냐고 생각할 수도 있어요. '전혀요.' 전혀 그렇지 않아요. 일이 만들어지다가 무너지는 경우가 많아요. 창업가가 일을 통제하지 못하기 때문이죠.

창업가가 좋은 일을 갖고 있으면, 그 일에 사람이 모여요. 사람이 모이면 일이 만들어지고 돈이 몰리죠. 창업가는 사업가가 되고, 사업가는 기업가가 되어요. 투자를 판단할 때, 창업을 못하는데 사업가나 기업가가 되려고 하는 건 아닌지, 그걸 보면 돼요.

액셀러레이팅 팀 구축

'그룹B'

액셀러레이팅을 위한 정예요원들을 만들다

스타트업의 성장에 조력하는 일을 액셀러레이팅이라고 해요. 그 일을 하는 사람 또는 조직을 액셀러레이터라 하고요.

단톡에 참여하면서 투자에 참여하기로 한 사람들 중에 액셀러레이팅에 참여할 사람들을 별도로 모았어요. 단순히 투자만 하기보다는 투자 후 우리가 투자한 회사들을 관리할 수 있도록요.

그룹B에는 전문 역량을 갖춘 투자자들이 참여했어요. 세무사, 회계사, PE 투자자, 변리사, 비즈니스 코치, 기업 교육자 등. 백억 파트너 포함 총 12명의 전문 역량을 갖춘 투자자들이 액셀러레이터로 활동하기 시작했죠.

창업가에게 던지는 질문의 힘

알토스벤처스와 배달의민족 이야기에요. 알토스벤처스는 배민, 쿠팡, 토스 등에 투자한 회사에요. 배달의민족 김봉진 대표가 알토스벤처스의 김한준 대표에 관한 이야기를 한 기사였어요. 투자를 받은 창업가가 투자자에 관한 이야기를 한 거죠. 김봉진 대표는 김한준 대표와 대화하면 고민하고 있던 문제가 해결되는 걸 느꼈대요. 김한준 대표가 특별히 솔루션을 제공해 준 것도 아닌데, 대화 후에는 일이 풀리더라는 거죠. 그래서 김봉진 대표가 왜 그럴까 곰곰이 생각을 해 보니, 김한준 대표가 잘하는 게 '질문'이었다고 해요. 김봉진 대표 자신에게 질문을 주더라는 거죠. 그럼 김봉진 대표는 그 질문에 대답을 하면서 생각을 정리하고, 내면에 있던 답에 확신을 갖는 거였어요. 이미 어떤 답은 갖고 있는데, 그 답에 확신을 갖게 해준 게 김한준 대표의 질문이었다고.

'질문'

우리도 창업가에게 질문해 봐요.

• 스케일업 (Scale-up) •

　스타트업의 사업 모델이 충분히 스케일업 가능한 모델인지 아닌지 판단해야 해요. 스케일업이라는 건 규모를 키운다는 거죠. 충분히 큰 시장을 타깃으로 해야 스케일업이 가능해요. 진출할 시장 자체가 작으면 최대 매출 규모도 적으니까요. 예를 들어 물건을 파는데, 물건의 수요자를 파악해 보니 3,000억 정도에요. 수요자들이 모두 회사의 물건을 사준다고 하면 3,000억 매출을 낼 수 있는 거죠. 경쟁사도 있을 거잖아요. 그럼 대략 30%의 시장을 먹는다 치고, 900억 시장을 가질 수 있게 돼요. 이렇게 단순화시켜서 보면 회사가 낼 수 있는 매출은 최대 900억이에요. 매출의 세 배를 기업가치로 본다면 기업가치는 2,700억이 돼요. 투자할 때 기업가치가 30억이라 하고, 기업이 최대로 매출을 내고 엑시트를 할 수 있다면, 90배의 수익을 기대할 수 있는 것이죠.

　스타트업에 투자할 때는 충분히 큰 시장 규모를 갖고 있는지 판단해야 해요. 또는 현재 큰 시장 규모를 갖고 있지는 않지만 차후 사업이 확장되는 과정에서 다른 시장을 확보할 수 있다면 그 시장이 얼마나 큰지를 보면 되고요.

액셀러레이팅 방식 정의

그룹B에 활동 소개

활동에 따라 기여도를 부여하다

GP는 General Partner, 업무집행조합원이에요. 개인투자조합을 리드하고, 성과보수를 받아요. 개인투자조합으로 모인 투자금을 잘 운용해서 성과가 나면 규정에 따라 보수를 받을 수 있어요. 이때 성과보수를 어떻게 받을지에 관한 규정은 GP와 출자자들이 합의를 하면 돼요. 보통은 GP가 정하고 출자자들에게 안내하는 형태에요. 조합의 결성계획서와 조합규약에 성과보수의 내용을 의무적으로 담아야 해요.

우린 GP의 성과보수 몫에서 그룹B의 몫을 배정했어요. 총 발생하는 성과보수에서 40%는 GP가 60%는 그룹B가 갖는 형태로요. 그렇게 그룹B 팀원들을 셋팅했어요.

GP를 제외한 투자자들은 LP, Limited Partner, 유한책임조합원이에요. 보통 출자자들이 성과보수를 가져가는 일은 없지만, 출자자들 중에 성과에 기여하고 싶은 출자자들을 따로 뽑아 그룹B를 만든 거죠. 역량 있는 전문가팀을 구축한 거예요.

액셀러레이팅 역할을 잘게 나누었어요. 스타트업 소통, 투자자 관리, 투자 후 기업 관리, 투자조합 관리 등 큰 카테고리 안에서 활동을 세부적으로 나누고, 각 활동에 따라 포인트를 부여했어요. 오프라인 IR 참여 300 포인트. 단톡에 질문 올리는 것 30포인트. 이런 식으로요.

기여도 포인트는 매주 반영했어요. 증자의 개념을 활용했죠. 만약 에밀리가 지난 주 오프라인 IR에 참여하고, 단톡에서 질문을 5개 했으면, 450 포인트를 받는 거예요. IR 참여 300, 질문 하나당 30 포인트. 기여도 반영 시 450 포인트를 증자 및 배분하는 형태로 가는 거죠.

조금 더 정확히 설명해 볼게요.

6월 첫째 주 밥이 300 포인트, 에밀리가 200 포인트, 슈엣이 500 포인트 갖고 있어요. 지분율은 밥이 30%, 에밀리가 20%, 슈엣이 50%를 보유해요. 6월 둘째 주 활동을 통해 밥이 200 포인트, 에밀리가 450 포인트, 슈엣이 200 포인트를 추가 획득했다고 해요. 그럼 지분율이 변동하죠. 밥 500 포인트 보유, 에밀리 650 포인트 보유, 슈엣 700 포인트 보유. 총 1,850 포인트 중 밥 27%, 에밀리 35%, 슈엣 38%가 되는 거예요.

매주 액셀러레이팅 활동에 참여하고, 열심히 참여할수록 포인트를 쌓아 자기 지분율을 올리는 형태에요. 만약 1억의 성과보수가 발생했다고 하면 밥이 2,700만 원, 에밀 리가 3,500만 원, 슈엣이 3,800만 원의 성과보수를 갖는 거죠.

Q&A

Q. 그룹B가 있다면 그룹A도 있겠네요?

A. 그룹A는 백억 파트너에요. 출자에 참여하는 백억 파트너들이 그룹A에요. 모든 백억 파트너들이 GP가 될 수는 없기 때문에 백억 파트너들 중 대표 1인이 GP로 들어가는 거죠. 그리고 성과보수가 발생할 경우 함께 고생한 백억 파트너들이 수익을 창출할 수 있도록, GP 몫에서 떼는 거예요.

Q. 그룹B는 일반적인 형태와 어떻게 다른가요? GP 몫을 분배한다는 건 어떤 말인가요?

A. 개인투자조합을 성공적으로 운영하면 GP는 성과보수를 받을 수 있어요. 성공적으로 운영했다는 건 수익을 많이 내서 회수했다는 거죠. 거기서 GP가 보너스를 받는 거예요. 원래는 GP만 받는 건데, 엔젤투자는 다수의 노력으로 성과가 나는 것이니 그

노력의 결과로 만들어지는 성과를 분배하자는 거죠. 그래서 보다 적극적으로 액셀러레이팅에 참여할 사람은 그룹B로 합류해 활동하는 거예요. 이번에 함께 투자에 참여한 전문가들은 자신의 역량을 기여하고 성과에 따라 성과보수를 받을 수 있어요.

스타트업에 무엇을 물을까

9개의 공통 질문

공통 질문에 대한 답변을 받다

9개 스타트업에 공통 질문을 했어요. 공통 질문은 다음과 같아요.

1. 비즈니스 모델을 간략히 소개해 주세요.

2. 비즈니스 모델을 통한 수익 창출 방식을 간단히 알려 주세요.

3. 목표 투자유치 금액을 알려 주세요.

4. 어떤 지표를 주요한 성장 지표로 보고 있나요?

5. 주요한 비즈니스 모델의 성장 지표가 언제부터 발생하였나요? 언제부터 발생할 것으로 예상하나요?

6. 기업 지분 소유자의 지분율과 투자자 (투자사) 이름 알려 주세요. (투자자, 투자사 이름 공개가 불가능할 경우 A, B로 기입)

7. 기회가 온다면 매각 의사가 있나요? 목표 매각가가 있으면 알려 주세요.

8. 투자자의 엑시트는 어떻게 구상하고 계신가요?

9. 기업 운영에 있어 리스크는 무엇인가요?

각 질문의 간략한 의미

1. 비즈니스 모델을 간략히 소개해 주세요.

스타트업의 핵심 비즈니스 모델이 무엇인지 파악하기 위한 질문이에요. 이때 비즈니스 모델에 대한 서술이 광범위한지, 분명한 타깃 고객을 가지면서 날카롭게 정의되어 있는지 파악해 볼 수 있어요. 시장에 서비스를 제공하고 성과를 내기까지의 난이도를 가늠해 볼 수도 있죠. 다른 비즈니스 모델에 비해 차별점을 가지고 있고 고객 니즈가 확실한 사업인지 평가하는 질문이에요.

2. 비즈니스 모델을 통한 수익 창출 방식을 간단히 알려 주세요.

핵심 비즈니스 모델로 어떻게 수익이 창출되는지 파악하는 질문이에요. 비즈니스 모델은 비즈니스 모델이고, 수익은 수익이니까요. 수익이 만들어질 수 있는 비즈니스 모델인지, 언제 수익이 만들어질지, 어느 정도 규모로 수익을 만들 수 있을지를 확인해요. 그리고 1차적으로 발생할 수 있는 수익 외에 추가로 발생할 수 있는 수익 모델이 있는지도 알아볼 필요가 있어요. 예를 들어 고시원 플랫폼을 성공적으로 런칭한 후 고시원의 거주자들에게 생필품 판매를 통한 수익 창출이 되는지를 보는 것이죠.

3. 목표 투자유치 금액을 알려 주세요.

스타트업이 투자를 받고자 하는 금액과 실제 투자를 받을 수 있는 금액에는 차이가 있어요. 보통 3~4배 정도 차이가 나는 듯해요. 스타트업은 더 많은 투자를 원하지만 생각만큼 투자가 이루어지지 않죠. 3억 투자를 원하지만, 5천에서 1억 정도가 되는 사례가 많더라고요. 투자자가 투자할 수 있는 금액을 창업가에게 미리 알리는 것도 소통에 도움이 되어요. 스타트업은 3억 투자받기를 원하지만, 투자자는 1억을 투자할 수 있는 경우, 1억도 투자를 받을 것인지 미리 얘기해 보는 거예요. 거의 대부분은 'Okay'를 하죠.

4. 어떤 지표를 주요한 성장 지표로 보고 있나요?

스타트업은 매출과 영업이익이 발생하지 않는 경우, 적자인 경우가 많아요. 재무적 지표 외에 스타트업의 사업 성과를 평가할 수 있는 지표가 필요해요. KPI이죠. KPI를 무엇으로 정의했는지 면밀히 파악할 필요가 있어요. 그것 또한 스타트업의 사업 능력이거든요. 사업의 성장에 직결되는 성과 지표 즉 KPI를 설정했는지 봐야 해요. 어떤 경우 KPI가 정의되어 있지 않기도 한데, 스타트업의 지표 관리 역량이 떨어지는 거예요. 사업은 숫자로 표현될 수 있어야 해요.

5\. 주요한 비즈니스 모델의 성장 지표가 언제부터 발생하였나요? 언제부터 발생할 것으로 예상하나요?

핵심 비즈니스 모델을 기반으로 KPI, 매출, 영업이익 등 성과 지표가 현재 발생하고 있는지, 아니면 앞으로 발생할 것인지, 앞으로 발생한다면 언제 발생할 것인지를 파악하는 질문이에요. 현재 발생하고 있는 중이라면 언제 처음으로 발생했고, 어떻게 성장해가고 있는지도 보고요. 정의된 성과 지표는 있지만 제대로 관리되고 있지 않은 경우도 있고, 발생하고 있지 않은 경우도 있어요. 지표를 꼼꼼하게 관리하고 있는지를 꼭 체크해야 해요. 스타트업은 그 지표의 성장에 모든 에너지를 집중해야 하거든요.

6\. 기업 지분 소유자의 지분율과 투자자 (투자사) 이름 알려 주세요. (투자자, 투자사 이름 공개가 불가능할 경우 A, B로 기입)

현재 주식을 보유하고 있는 주주들을 파악하는 거예요. 주식은 누가 보유하고 있는지, 주식 보유자 중 임직원은 누구인지. 추가로 스톡옵션 보유자를 파악하는 것도 필요해요. 간혹 스톡옵션 계약이 제대로 이루어지지 않은 경우가 있어 스톡옵션 보유자와 스타트업 간에 문제가 발생하기도 하거든요. 이번에 투자 검토한 사례 중 흥미로운 건이 있었어요. 모 투자 회사에서 스타트업의 투자를 검토했는데, 투자 불가로 판단이 났죠. 이유가 재밌어요. 그 투자 회사의 그룹 회장이 스타트업의 주식을 개인적으로 갖고 있었거든요.

7. 기회가 온다면 매각 의사가 있나요? 목표 매각가가 있으면 알려 주세요.

사업을 키워 수익을 창출하는 방법이 다양해요. 그중 하나가 '매각'이고요. 매각은 다른 회사에 스타트업을 파는 거예요. 스타트업이 보유한 모든 주식을 팔거나, 일부 팔거나 하는 형태로요. 이때 창업가와 투자자는 주식을 팔 수 있어요. 매각을 목표로 사업을 키우는 스타트업도 있어요. 1조 가치의 유니콘을 만들겠다는 창업가도 있지만 보다 현실적으로 적정 기업 가치와 성장에 도달했을 때 스타트업을 매각하겠다는 계획을 가진 창업가도 있죠. 옳다 그르다의 문제는 아닌 듯해요. 계획의 차이이죠. 투자자는 투자 전에 창업가가 어떤 매각 계획을 갖고 있는지 파악해볼 필요가 있어요.

8. 투자자의 엑시트는 어떻게 구상하고 계신가요?

스타트업 주식은 비상장주식이기 때문에 창업가가 투자자의 엑시트 계획을 갖고 있어야 해요. 엑시트는 간단히 주식을 팔고 수익금을 회수하는 걸로 보면 되는데, 어떻게 회수할 건지 투자자가 파악해야 해요. 물론, 변수가 많은 스타트업 투자이기 때문에 계획대로 안 될 수도 있어요. 하지만 계획을 갖고 있는 것과 안 갖고 있는 것은 큰 차이죠. 엑시트는 상장, 매각, 세컨더리 펀드에 구주 판매, 상환권 행사를 통한 원금과 이자 (배당) 수익 취득이 있어요.

9. 기업 운영에 있어 리스크는 무엇인가요?

창업가가 생각하는 대표적인 리스크가 무엇인지 묻는 질문이에요. 사업을 하면 다양한 위험 요소들이 있잖아요. 경쟁사, 진입장벽, 높은 제조원가, 자금 흐름 등. 창업가가 바라보는 위험 요소와 투자자가 보는 위험 요소를 비교해 보고 추가 소통을 할 필요가 있어요. 만약 창업가가 보는 위험 요소가 투자자와 다르다면, 투자자가 생각하는 위험 요소에 대해 창업가가 어떻게 생각하는지 물어봄으로써 서로에 대한 이해를 높이고 관점을 맞출 수 있죠.

백억 파트너의 비전

백억 파트너의 미션

우리는 왜 투자하는가

백억 파트너는 비전을 세웠어요. '백억 자산'이라는 개인적인 욕심도 있지만 우리를 보다 끈끈하고 열정적으로 만들 사명이 필요했죠. '사명'

사명은 그동안 창업가들을 만나면서 배운 거예요. 단순히 돈을 벌기 위해 사업하는 게 아니라 세상을 위한 가치를 제공할 때 대표 자신도 그렇고 조직도 더 힘을 낼 수 있다고 하더라고요.

우리가 투자를 하는 목적 중 하나는 기회를 나누고자 함이에요. 스타트업 창업가가 가진 비전을 나누고, 창업가의 세계로 들어갈 수 있는 기회요. 조금 더 앞선 세상을 보고 경험할 수 있는 기회요. 어떻게 일해야 성공할 수 있는지 들을 수 있고, 한창 성공을 향해 달려가는 창업가와 맥주 한잔 할 수 있는 기회요.

이런 기회를 돈이 없어서 기회가 없다고 생각하는 사람, 기회를 박탈당했다고 생각하는 사람, 나는 그런 곳과 전혀 관계없는 일을 한다고 생각하는 사람, 못배웠다고 스스로 자책하는 사람, 지옥 같은 삶에서 벗어나고 싶은데 그러기를 포기한 사람들에게도 나누고 싶어요.

작은 음식점을 운영하는 사장이 있는데, 사업적인 거래를 할 일이 있었죠. 그러면서 스타트업 투자를 알려줬어요. 사장은 200만 원을 스타트업에 투자하기로 했어요. 요즘 음식점 사업을 운영하기 어려운 상황이에요. 그럼에도 우리는 꿈을 얘기하고 비전을 얘기해요. 그러면서 하루하루를 버티고 도약할 기회를 포기하지 않아요.

우리는 투자에 성공해야만 하는데, 이런 목적 때문이에요. 같이 투자한 식구가 희망을 보는 거. 더 많은 희망을 나눌 수 있는 거. 우리는 이런 사명을 품었어요.

• 사람에 투자하다 •

'사람에 투자한다'고 하잖아요. 엔젤투자는 사람에 하는 투자에요. 창업가에게 하는 투자이죠. 엄밀히 따지면 법인에 투자하는 것이지만, 사실 그 돈은 창업가를 보고 투자하는 것이에요. 창업가는 회사 그 자체에요. 창업가가 무너지면 스타트업은 무너져요. 창업가가 성장하면 스타트업도 성장해요. 창업가가 정체되어 있으면 스타트업도 정체되고요. 그래서, 스타트업에 투자할 때는 반드시 창업가와 소통해야 해요. 창업가와 사업을 이야기하고, 논하고, 끝나고 맥주도 한잔 하고요. 밥도 먹고요.

스타트업이 성장하는 과정에 창업가 중심의 운영에서 시스템 중심의 운영으로 바뀌어요. 창업가의 비전, 일하는 방식, 조직문화가 회사에 시스템으로 전달되는 것이죠. 코스닥, 코스피에 상장된 회사의 경우 시스템이 잡혀 있어서, 전문경영인이 운영을 해도 괜찮은 거예요. 스타트업은 데스밸리를 겪으며 시스템에 관한 중요성을 인지해요. 어느 정도 시스템화된 상태에서 KPI를 만들면서 Pre A 투자를 받고요. Pre A 투자는 3억에서 10억 정도의 투자 규모를 뜻해요. 시스템이 있는지 없는지를 보면 Pre A 투자를 할 수 있을지 판단 가능해요. 시스템이 없는 회사에는 Pre A 투자를 할 수 없어요. 엔젤투자는 가능할지도 모르죠. 보통 엔젤투자를 하는 기간이 데스벨리 전이나 한창 데스벨리일 때거든요. 시스템이 없을 수도 있고, 있을 수도 있어요. 그렇지만 Pre A 투자를 하기 위해서는 시스템이 필수에요. 3억 ~ 10억 정도 규모의 투자가 되어야 하는 회사에 초기 시스템이 안 잡혀 있으면 투자 리스크가 커요. 시스템이라는 건 일하는 방식, KPI를 만드는 방식, 조직원들 간의 소통 방식, 투자자와 소통 방식 등을 포함하는 조직의 체계에요.

7월

첫 번째 엔젤투자 & 공명 파트너스

7월

1차 투표 참여 인원 40명

최종 6개 스타트업이 선정되다

1차 투표를 통해 최종 6개 스타트업이 선정되었어요. 대략 40명 정도가 투표에 참여했죠. 닉네임으로 각 스타트업을 지칭할게요.

선정된 6개 스타트업은 다음과 같아요.

명품 보석 브랜드 사업 〈럭셔리 홍〉
배달대행 플랫폼 〈라이더 권〉
코리빙 O2O 플랫폼 〈독립장군〉
푸드데이터 기반 반찬 정기배송 〈이유있는대표〉
임대보증금 제로 〈보증금제로〉
인공지능 CCTV 〈스마트아이〉

스타트업의 사무실을 방문하기로 했어요. 오프라인 IR을 하기 위해서요. 대표를 직접 만나고, 함께 일하는 팀원들 분위기도 보고요. 럭셔리 홍은 울산, 라이더 권은 대구에 사무실이 있어요. 서울에서 강의장을 빌려 IR을 하기로 했어요.

• 투자 라운드 •

스타트업은 '투자 라운드'를 밟으며 기업으로 성장해요.

권투나 UFC에서는 30분 동안 한 번에 경기를 진행하는 것이 아닌, 3분 동안 10번의 라운드를 진행해요. 1라운드, 2라운드, 10라운드. 이렇게 나눠서 진행을 하죠.

스타트업 투자에도 '라운드'가 있어요. 투자 라운드라는 것은 투자유치를 진행하는 기간, 투자유치의 단계라고 볼 수 있어요. 투자 라운드는 스타트업들이 성장하는 기간이자, 기업의 규모를 키우기 위해 자금을 유치하는 단계에요.

스타트업의 투자 라운드에는 이름이 있어요.

Seed – Angel – Pre (Series) A – Series A – Series B – Series C – Pre IPO – IPO

시작 단계인 Seed부터 회수 단계인 IPO 또는 M&A에 도달할 때까지 투자 라운드 별로 투자받는 금액도 달라요. 후속 라운드로 갈수록 금액이 커지죠. 하지만 원칙이나 규정으로 정해진 것은 없어요. 어떤 스타트업은 Series A에서 10억을 유치하지만, 어떤 스타트업은 같은 라운드에서 몇 백억을 유치하는 경우도 있어요. 2022년 6월, 리벨리온이라는 AI반도체 스타트업 같은 경우에는 Series A 라운드에 620억을 유치하기도 했죠.

이해를 돕기 위해 대략적인 금액을 알아볼게요. Seed, Angel 라운드에선 적게는 3천에서 많게는 3억 정도, Pre A 라운드에선 적게는 3억에서 10억 정도, Series A는 10억~50억, Series B는 50억~500억, Series C는 300억~1,000억 정도를 유치해요. 라운드 사이사이에 M&A 제안이 들어오는 경우도 있고, Series C 이후에 D, E, F를 거쳐 IPO에 도달하는 기업들도 있어요.

*M&A : 기업인수합병
*IPO : 기업공개

Q&A

Q. 어느 라운드인지 누가 정하나요?

A. 특별히 누가 정하고, 정해야 하는 개념은 아니에요. 창업가가 스타트업의 성장 단계에 맞게 어떤 투자 라운드에 있는지 판단하는 것이죠. 예를 들어 처음 투자를 받는 거면 엔젤라운드, 두 번째 투자를 받는 거면 Pre A 라운드 이렇게 표현하는 거예요. 투자 라운드에 따라 대략적인 투자 금액이 있기 때문에 어느 투자 라운드에 있는지 알면 얼마의 투자를 필요로 하는지 대략 알 수 있죠.

Q. 단계를 뛰어넘을 순 없나요?

A. 단계를 뛰어넘을 수도 있어요. 예를 들어 초기 발생시킨 매출로 회사가 운영된다고 하면, 엔젤투자를 받을 필요는 없잖아요. 그럼 사업의 규모를 키운 뒤 대규모의 투자를 받는 것도 방법이죠. 예를 들어 30억 정도의 시리즈 A 투자부터 받을 수도 있어요. 엔젤, Pre A 없이, 바로 시리즈 A 투자를 받는 거.

첫 번째 오프라인 IR

럭셔리 홍

뜨거운 반응에, 끝나고 치맥

　럭셔리 홍은 보석류를 제작, 판매하는 사업을 운영해요. 업력이 좀 되어 '스타트업'이라고 표현하기에는 무리가 있었지만, 성장 목표와 대표로서의 열정만큼은 스타트업이었죠. 코로나에도 불구하고 럭셔리 제품의 판매는 상승세를 보이고 있어요. 그에 맞게 백화점 VIP 고객을 타깃으로 하는 럭셔리 홍의 매출도 꾸준하게 오르고 있고요.

　회사는 울산에 있어요. 투자자들이 울산으로 내려가 사무실을 방문하기는 무리였죠. 선릉역 인근 강의장에서 IR을 했어요. 대략 10명 정도 참여했네요.

　IR을 두 시간 가깝게 진행했어요. 실수였죠. 사업 소개는 길어도 30분 이내에 마무리, 질의응답 20분~30분 정도가 적당해요. 너무 길면 사업 소개를 듣는 사람도 지치거든요. 사전에 IR 시간 안내를 미처 못했어요. 그래도 럭셔리 홍의 열정적인 모습에 투자자들 마음이 동요되는 모습이었어요.

IR을 마치고 맥주를 마시러 갔어요. IR 때 하지 못한 이야기들이 많았죠. 캐주얼한 미팅도 필요하다는 걸 느꼈어요. 창업가와 엔젤들이 더 가까워지는 시간이었어요.

• 주식 & 채권 •

　주식회사는 주식 또는 채권을 발행할 수 있어요. 투자자는 회사가 발행한 주식 또는 채권을 사면서 투자하는 것이죠. 주식은 회사의 소유권을 갖되 투자 기간과 수익률이 확정되지 않은 형태의 투자이고, 채권은 투자 기간 및 수익률이 정해져 있는 투자에요. 그러니까, 주식에 투자하면 언제 얼마를 벌지 알 수 없으나, 채권에 투자하면 언제 얼마를 버는지 아는 거죠. 주식은 실패 확률도 크지만 성공 시 수익 폭도 커요. 우리가 목표로 하는 백 배는 주식으로만 가능한 수익이죠. 채권은 주식보다 안정적이지만 최대 수익 즉 이자가 정해져 있어요. 법정 최고 이자인 연20%이죠. 채권은 돈을 빌려주는 개념, 주식은 회사의 소유권 일부를 갖는 개념이에요.

　채권은 일반 회사뿐만 아니라 다양한 기관에서도 발행할 수 있어요. 정부나 공공기관, 금융기관 기업 등에서 자금을 빌리기 위해 발행하는 유가증권이에요. 채권은 국채, 지방채, 특수채, 금융채 및 회사채 등이 있어요.

	주식	채권
수익률	미정	확정
안정성	하이 리스크	로우 리스크
발행처	회사	회사, 정부공공기관

두 번째 오프라인 IR

독립장군

직원 주간회의 참관, 사무실 투어, IR, 점심식사까지!

독립장군은 30대 후반의 여성 리더에요. 딱 봐도 기운이 넘치는 스타일이죠. 대표로서 매력 있었어요.

'고시원 디지털 트랜스포메이션'

독립장군은 고시원을 운영하는 원장과 고시원의 거주자가 플랫폼을 이용해 편리하게 고시원을 검색하고 이용료를 납부할 수 있게 해요. 5월 투자 검토 단계 때 앱 서비스를 시작했는데, 이후 지속적으로 KPI 즉 핵심성과지표가 상승하고 있어요. 앱 가입자 수, 고시원 등록 수, 결제율이 지속 상승하고 있었죠. 연간 고시원 결제금액 기준 1조 7천억 규모의 시장이에요. 관심을 많이 갖고 소통했어요.

사무실 방문 때는 직원들의 주간회의에 참석했어요. 팀원들이 어떻게 회의를 하는지 보여주고 싶다고 해서요. 독립 구성원들이 돌아가며 자신의 업무를 보고하고, 파이팅을 외쳤어요. 스타트업답게 생동감 넘치는 회의였죠.

회의 참관 후 사무실 투어, IR, 점심 도시락 식사까지 함께하고 일정이 마무리됐어요. 도시락은 사무실에서 먹었어요. 다행히 도시락을 먹을 만한 충분한 공간이 있었어요. 지나고 나서 생각해 보니, 점심 도시락 덕분에 더 많은 이야기를 나눌 수 있었어요. 단순히 IR만 하고 끝날 수도 있었는데, 밥을 같이 먹으며 못다한 이야기를 나눌 수 있는 시간을 갖게 된 거죠. 전반적으로 정성이 많이 들어간 만남이었어요.

종류주식

    종류주식은 주주의 권리에 제한 또는 옵션을 두는 주식이에요. 종류주식은 다른 주주에게 영향을 미칠 수 있으므로 발행하기 전에 그 수와 내용을 정관으로 정해야 해요.

    종류주식은 크게 네 가지로 나눌 수 있어요.

    첫째, 이익배당 또는 잔여재산분배에 관한 종류주식

    여기에는 우선주, 후배주, 혼합주가 있어요. 우선주는 보통주보다 우선 배당을 권리가 있지만 의결권이 없는 주식이고 후배주는 보통주보다 배당을 늦게 받는 주식, 혼합주는 배당이익은 보통주보다 빨리 받지만 잔여 재산은 보통주보다 늦게 배당받는 주식이에요.

    둘째, 의결권의 제한이 있는 종류주식

    의결권에 따라서는 의결권이 없거나 제한되는 주식으로 나뉘어요.

셋째, 상환주식

상환주식은 주식의 발행 시부터 장차 회사가 이익으로 소각할 것이 예정된 종류주식이에요. 상환주식은 다른 주식처럼 의결권도 있고, 배당도 받을 수 있는데 채권처럼 상환청구를 하면 회사에 주식을 반환하고 대신 투자원금에 일정한 금액(이자와 유사)을 더한 금액을 받을 수 있어요.

넷째, 전환주식

전환주식은 회사가 종류주식을 발행한 경우 다른 종류의 주식으로 전환할 수 있는 권리가 부여된 주식을 말해요. 상환주식의 경우 회사가 그 대가로 금전 또는 자산을 지급하는 반면, 전환주식의 경우에는 회사가 발행한 다른 주식을 지급한다는 차이가 있어요.

투자자들은 상환우선주와 전환우선주가 결합한 형태인 상환전환우선주를 선호해요.

Q&A

Q. 상환전환우선주 말고 다른 주식을 선호하는 사람도 있나요?

A. 상환전환우선주를 선호하는 이유는 투자자가 선택할 수 있는 옵션이 많기 때문이에요. 사업의 성장이 더디면 상환권을 행사하여 원금에 이자를 조금 더해 회수할 수 있고, 성장세가 가파르게 상승하면 전환권을 행사하여 우선주를 보통주로 전환할 수 있죠. 마찬가지로 '전환사채'도 투자자가 선호하는 방식인데, '채권'의 형태에요. 채권으로 갖고 있다가 전환권을 행사하여 주식으로 전환할 수 있는 투자 방식이죠.

Q. 왜 의결권이 없거나 제한된 주식을 주주가 사는 건가요?
A. 의결권이 없거나 제한된 주식이지만, 다른 옵션 조건이 좋은 경우가 있어요. 예를 들어 회사의 배당을 더 주는 거죠. 의결권은 없지만 더 많은 배당을 받는 걸 선호하는 주주가 선택하는 주식이라고 보면 돼요.

Q. 창업가 입장에서는 어떤 주식을 선호하나요?
A. 창업가는 보통주식을 선호해요. 물론 절대적으로 보통주를 선호하는 건 아니에요. 각 주식은 스타트업의 운영 상황에 맞게 옵션을 부여해서 활용이 가능하거든요. 그러니 어떤 자금 상황, 성장 예측을 갖고 있느냐에 따라 어떤 종류의 주식을 발행하고 옵

선을 넣을지 달라지는 거예요. 보통주식의 경우 상환권과 전환권이 없기 때문에 스타트업은 상환 및 전환에 대한 부담을 덜 수 있다는 장점이 있어요. 선호하는 이유이죠.

세 번째 IR

스마트아이

브라이언 : "역시, 사람은 만나야 하는구나!"

투자자들과 창업가들이 오프라인으로 만나면서 열기가 올랐어요. IR 마치고 사무실을 나오는 길에 켄이 '재밌다'고 말하는 걸 들었어요. 우리가 만들고 있는 문화에 '재미'라는 가치가 확실히 들어간 걸 느꼈죠.

'과정'이 중요했어요. 투자처가 결정된 상태에서 '이곳에 투자하시겠습니까?' 묻는 것보다, 투자처를 결정하는 과정에 투자자들이 참여하는 것. 그 과정에 재미와 가치를 경험하니까요.

브라이언은 스마트아이의 사업소개를 듣고, 대표의 리더십과 사업의 매력에 푹 빠졌어요. 온라인 IR을 할 때와는 다른 기운을 받는다고 했죠.

• 주식, 채권의 변형된 형태 •

주식이지만 특정 기간이 지난 후 상환을 받을 수 있는 형태, 채권이지만 주식으로 바꿀 수 있는 채권. 이렇게 주식과 채권에는 변형된 형태가 있어요. 딱 주식의 특징, 채권의 특징만 갖는 게 아니라, 믹스된 형태인 것이죠. 이런 형태는 투자자들에게 유리해요. 상환전환우선주가 대표적인 예이죠. 스타트업 투자 시 많이 활용되는 계약 방식이에요.

상환전환우선주(RCPS : Redeemable Convertible Preference Shares)란, 보통주식에 채권처럼 만기 때 투자금의 전액 혹은 일부를 (현금)상환을 요구할 수 있는 '상환권'과, 우선주를 보통주로 전환 할 수 있는 '전환권'이 있으며, '의결권'을 부여할 수 있는 주식을 의미해요. 상장주식 투자를 공부하다 보면 보통 우선주에는 의결권이 없다고 생각하는데, 스타트업의 투자 계약 시에는 우선주에도 거의 의결권을 넣는 편이에요. 배당이나 회사의 청

산 시 잔여 재산분배에 보통주보다 우선권을 가져요. 투자자 입장에서 유리한 조건이 많은 주식이에요.

그럼 기업에서는 이렇게 투자자 입장에서 유리한 조건이 많은 주식을 왜 발행할까요? 기업 입장에서는 투자유치가 보통주 대비 상대적으로 용이하기 때문이에요. 이런 이유로 RCPS는 주로 성장성 있는 초기 벤처기업이나 자금사정이 일시적으로 좋은 않은 기업이 주로 발행해요.

전환사채(CB : Convertible Bond)는 채권의 형태이지만, 주식으로 전환이 가능해요. 성장성이 보이면, 채권을 보유한 투자자는 주식으로 전환할 수 있죠. 반대로 성장이 더디면 원금회수를 할 수 있어요.

온라인 토론회

공명론 (共鳴論)

투자자들이 함께 논하다

첫 번째 토론회에는 총 13명이 참석했어요. 투자에 관심 있는 엔젤투자자, 그룹B 액셀러레이터, GP가 참석했죠. 각자 선호하는 기업을 말하고, 이유를 들었어요. 어떤 기준으로 투자처를 선정해야 하는지도 얘기 나눴죠.

토론회에 참석한 페페는 투자처를 결정할 때의 기준도 중요하지만, 투자를 하는 주체인 우리가 누구인지도 정의할 필요가 있다고 했어요. 머리를 한 방 맞은 것 같았죠. 페페는 날카로운 질문을 하는 파트너에요. 백억 파트너 2기로 합류하고 2기의 기장이 되어 함께 활동 중이에요.

"'우리'는 누구인가?" 쉽게 답이 나올 질문은 아니었어요. 질문을 품고 곱씹으며 답을 찾아보기로 했어요. "우리는 어디에 투자해야 하나?"라는 질문을 두고, 좋은 답을 찾기 위해서는 '우리'가 누구인지에 대한 정의가 빠져서는 안 되는 것이었죠. 백억 파트너들과 소통하는 과정에 답을 찾을 수 있을 거라 확신해요. 늘 그렇듯, 다음으로 필요한 걸 찾아내는 팀이니까요.

토론회는 화요일 저녁 일정으로 몇 번 더 진행하기로 했어요. 엔젤투자를 하는 사람 중 직장인도 있으니 회사 마치고 참석할 수 있게 저녁 시간을 잡았죠. 토론회 이름을 지었어요. 공명론 (共鳴論). '우리의 이야기가 공명한다'는 의미에요.

• CN, SAFE •

스타트업 투자는 주식투자 외에도 채권투자가 있어요. 주식투자는 일정 금액으로 스타트업의 일부 지분을 사는 것이지만, 채권투자는 일정 금액을 빌려주고 이자를 받는 것이에요. 일반 은행과 비교한다면 높은 이자겠지만, 일부 스타트업 투자를 하는 사람들에겐 큰 매력으로 느끼지 못할 수도 있어요. 그렇기에 등장한 투자계약 방식 중 하나가 전환사채에요. 전환사채는 채권과 주식의 특성을 다 가지고 있는 투자 방식이에요. 처음 발행할 때엔 회사채와 똑같은 채권으로 이자 수익을 얻지만, 일정 기간이 지난 후 '주식 전환권'을 발동하면 주식으로 전환할 수가 있어요. RCPS(상환전환우선주)와의 차이는 주식이 아닌 채권으로 투자된다는 점이에요.

CB(Convertible Bond, 전환사채)와 비슷한 투자 방식으로는 CN(Convertible Note)이 있어요. CB와 CN 모두 이자가 정해져

있고, 주식으로의 전환권을 행사하지 않는다면 만기가 존재해요.

CB는 전환 가격이 고정되어 있고, 주식 전환으로의 조건이 충족됐을 때, 투자자가 선택해서 전환할 수 있어요. CN은 전환을 위한 *Valuation Cap이나 할인율이 존재하고, 주식 전환으로의 조건이 충족됐을 때 자동전환이 돼요.

SAFE(Simple Agreement for Future Equity, 조건부 지분인수계약)는 전환사채를 더 간단하게 하기 위해 실리콘밸리의 와이콤비네이터(Y-Combinator)가 개발한 투자 방법으로 가치평가가 어렵거나 불가능한 극 초기 스타트업(엔젤/시드 라운드)에 투자할 때 이용하는 계약 방법이에요.

이자율, 상환요구, 만기일 포함 없이 Valuation Cap과 할인율 정도만 정한 후 투자를 실행하고, 후속 투자에서 결정되는 기업 가치에 따라 SAFE 투자자의 지분이 결정되는 방식이에요. 미국에는 엔젤/시드 라운드 투자를 대표하는 투자 유형이며 국내에서도 점점 확산되고 있는 방식이에요.

*Valuation Cap : 다음 투자 시 기업 가치의 상한

밥 : "남녀노소 빈부의 차에 관계없이 누구나 참여할 수 있는 토론회!"

브라이언 : "너무 이상적인 거 아니야?"

비비안 : "괜찮은데?"

'공명론 (共鳴論)을 통해 공명하다.'

어떤 기운이 널리 퍼지는 이미지를 그렸어요. 우리의 투자문화가 전파되고, 우리의 투자문화를 즐기는 사람들이 많은 거. 열띤 토론을 통해 투자처를 결정하는 거. 각자의 의견을 자유롭게 이야기하는 거. 상대의 의견을 존중하고 때로 비판하는 거.

이번 투자 토론회는 실제 투자처를 대상으로 하지만 투자가 결정된 후에도 토론회를 이어갈 계획이에요. 매주는 어렵지만 꾸준히. 토론회를 할수록 토론에 참여하는 엔젤들의 역량도 커지고, 참여 인원도 늘어나는 거죠. 함께 공명하는 거, 멋지지 않나요?

남녀노소 누구나 참여할 수 있는 그런 스타트업 엔젤투자 문화를 만들고자 해요. 누구에게나 기회가 열려 있는 투자. 단지 돈만

넣는 투자가 아니라 함께 공부하고 활동하며 우리가 투자한 스타트업의 가치를 키울 수 있는 그런 투자.

1억 조합을 백억에 엑시트할 수 있는 팀플레이어들!

백억 파트너들!

스타트업에 대한 투자 분석 보고서

'투자심사 보고서'

그룹 B에서 투심보고서를 작성하다

그룹B 멤버 중 각 스타트업을 지지하는 사람이 투심보고서를 썼어요. 브라이언은 스마트아이와 라이더 권. 데이빗은 독립장군. 밥은 보증금제로. 화이트는 럭셔리 홍.

아쉽게도 모든 스타트업들의 투심보고서가 작성된 건 아니었어요. 투심보고서를 작성하는 데도 에너지가 꽤 들어가다 보니, 크게 관심을 가진 파트너가 없는 경우 투심보고서가 작성될 수 있는 상황이 아니었죠. 그리고 이번 투자조합을 진행하는 과정에서 투심보고서의 중요성을 나중에 인지하다 보니, 보고서를 작성할 수 있는 충분한 시간을 확보하지 못했어요. 아마 다음 번 투자 때부터는 충분한 시간을 가지고 보고서를 작성할 수 있을 듯해요.

투심보고서에는 기업에 관한 기본적인 정보와 시장, 재무에 대한 분석, 왜 그 기업이 투자할 가치가 있는지 등의 내용이 담겨요. 사업소개서나 투자소개서는 스타트업에서 직접 작성한 자료이고, 투심보고서는 투자를 리드하는 투자자가 투자자들의 투자 판단을 위해 작성하는 자료이죠. 어떻게 보면 투자자들에게 투자에 대한 메리트를 전달하기 위해 정리한 자료라고도 할 수 있어요. 각 기업의 투심보고서 작성자는 자신이 지지한 기업을 투자자에게 소개하기 위해 자료를 작성했다고 보면 돼요. 스타트업들의 투심보고서를 비교하며 읽으니 투자 판단에 조금 더 도움이 됐어요.

• 스톡옵션 •

　간혹 스톡옵션 계약이 제대로 되지 않은 상태에서, 스타트업 내부 임직원들에게 스톡옵션 계약이 되어 있는 경우가 있어요. 스톡옵션은 주식으로 주는 인센티브이기 때문에 주주가 있는 한 (혹은 주주와 함께 사업을 펼치고자 한다면) 법적인 규제에 맞게 부여되어야 해요. 벤처기업의 경우 벤처기업육성법에 따라 지분의 50%까지 스톡옵션으로 부여가 가능해요. 일반 기업이 10%를 부여할 수 있는 것에 비해 큰 비중이죠. 스톡옵션을 부여할 때는 정관에 스톡옵션 관련 규정을 미리 넣어 두어야 해요. 그리고 주주총회 특별결의를 거쳐 스톡옵션 계약을 임직원과 체결할 수 있어요. 팀원이 일을 잘한다고, 계약서를 작성하는 것이 아니라는 거죠. 주주의 동의를 얻어야만 해요. 그리고 나서 스톡옵션을 계약하고, 부여받은 임직원은 2년 이상의 재직 기간을 거쳐 스톡옵션을 행사할 수 있게 돼요. 그제서야 주식을 받을 수 있는 것이죠. 간혹 주요 팀원들과 무분별하게, 기준 없이 스톡옵션 계약을 해둔 경우가 있는데, 투자 전에는 이 부분을 잘 체크할 필요가 있어요.

엔젤투자자가 스톡옵션을 알고 있다면, 인재 채용을 하고자 하는 스타트업에 도움을 줄 수 있어요. 제대로 부여되지 않은 스톡옵션 계약은 무효가 될 수 있기 때문에, 스톡옵션을 부여하고자 하는 스타트업에 투자자로서 가이드를 줄 수 있는 것이죠. 창업가는 자신이 사업하는 영역에 관해서는 잘 알지만 투자유치나 기업경영에 필요한 외적인 부분에 관해서는 모르는 경우도 있어요. 그러니, 투자자가 미리 확인하고 가이드를 줄 수 있으면 스타트업에는 큰 도움이 되어요.

두 번째 토론회

17명 참석

점점 더 많은 인원이 참석하다

토론회 이름은 공명론 (共鳴論)이에요.

공명론 (共鳴論)은,
1. 공명의 출자자 및 파트너들이 모여 논하는 '시간'이며,
2. 체계화된 공명의 '이론'이며,
3. 정리된 지식과 지혜를 바탕으로 실행의 힘을 나누는 '공간'으로 정의했어요.

우리가 스타트업 투자를 하면서, 공명론을 하면서, 배우게 되는 지식과 지혜를 정리하고 체계화하기로 했죠.

토론회가 진행될수록 최종 투자처가 좁혀졌어요. 최종 투자처는 세 곳으로 좁혀졌어요.

스마트아이, 독립장군, 럭셔리 홍.

스마트아이는 인공지능 CCTV, 독립장군은 프롭테크, 럭셔리홍은 럭셔리 브랜드. 각자 다른 영역에서 성장 지표를 만들고 있는 스타트업들이었죠. 세 개 모두 투자하고 싶은데 하나밖에 투자할 수 없다고 몇 명의 투자자들이 아쉬움을 토로했어요.

• 엑시트 •

출구를 뜻하는 Exit. 경제용어로 사용되는 엑시트 뜻은 '투자 후 출구 전략'이에요. 특정 기업의 주식을 가지고 있는 투자자 입장에서는 자금을 회수하는 방안을 의미해요. 쉽게 말해 기업 가치를 현금화하는 전략이에요.

스타트업의 엑시트 전략은 크게 두 가지로 나뉘어요.

첫 번째, 기업 공개 IPO
두 번째, 인수합병 M&A
이외에도 매각, 기업청산 등이 있어요.

첫 번째, IPO(Initial Public Offering).
기업공개(IPO)는 기업이 상장해도 될지 심사하고, 상장된 주식이 많이 거래될 수 있도록 일반 대중들에게 기업의 중요 정보를 공개하는 절차를 의미해요. 주식이 상장한다는 것은 일반인들도 회사의 주식을 살 수 있도록 증권시장에 올리는 것이에요. 상장하기 위해서는 한국거래소가 정한 요건을 충족하여야 하는데, 이때 상장 심사를 받기 위해 기업공개절차(IPO)를 거쳐야 해요. 따라서 일반적으로 IPO라 함은 유가증권시장(KOSPI, KOSDAQ)에 주식을 상장시키는 것을 의미해요.

두 번째, M&A(Mergers & Acquisitions).

인수합병(M&A)은 둘 이상의 기업을 하나의 법적 기업으로 만드는 기업합병(Mergers)과 기업의 경영권 인수를 뜻하는 기업인수(Acquisitions)를 의미해요.

기업합병은 둘 이상의 기업을 청산 절차 없이 법적으로 하나의 기업으로 만드는 것을 의미하고, 기업인수는 기업의 주식 또는 자산을 얻게 됨으로써 기업의 경영권을 확보하는 것을 의미해요.

인수합병은 기업의 경영권 인수와 둘 이상의 기업을 하나의 기업으로 재탄생시킬 수 있다는 점에서 기업 경영의 핵심 전략 중 하나라고 볼 수 있어요.

투자자는 기업공개와 상장 후, 주식시장에서 주식 매각을 통해 투자금을 회수 할 수 있어요. 국내의 경우 주로 기업공개를 통해 성공적인 회수가 이뤄진 경우가 많기 때문에 투자자 입장에서는 기업공개를 선호하는 편이기도 해요. 그래서 투자자는 보통 투자계약서에 기업공개나 M&A에 스타트업이 적극적으로 협조한다는 조항을 넣기도 해요.

최종 투자처 선택

톡 활용 의사결정

6개 스타트업 대표들은 톡을 나가고 투자자들만 남다

온라인 토론회 외 추가적으로 소통할 채널이 필요했어요. 토론회가 1주일에 평균 1회 열린다고 하면, 그것만으로 투자의사결정을 하기에 시간이 너무 오래 걸리기 때문이에요. 그래서 톡을 활용하기로 했죠. "톡에서 빠르게 정보를 주고받으며 의사결정을 하자!"

그렇게 하려니 톡에 함께 있던 6개 스타트업 대표들이 톡을 나가야 했어요. 대표들을 두고 각 스타트업들의 가치를 비교할 순 없잖아요. 대표들, 투자자들 모두 아쉬워했죠. 그동안 정이 들었거든요. "투자 결정 후에 다시 만납시다!"

회의를 통해 투자의사결정이 완료된 후 원하는 창업가에 한해 다시 들어올 수 있다는 결론을 내렸어요. 각 스타트업 대표들에게 개별적으로 상황을 안내하고, 원하는 대표는 다시 톡으로 들어와도 된다고 했죠.

이번 투자결정 후에 단톡은 투자자와 창업가가 조금 더 활발히,

오픈된 주제로 소통할 수 있는 컨셉으로 변경하기로 했어요. 다음 번에 투자처를 골라야 하는 상황이 오면 별도의 톡을 만들기로 했죠. 거기서 마찬가지로 의사결정이 일부 이루어지고, 끝나면 해산하는 형태로. 처음 만든 '제갈공명 파트너즈' 톡방은 창업가와 투자자를 위한 자유로운 소통방으로!

• 세컨더리 펀드 •

　상장이나 M&A를 통해 지분을 매각하는 형식으로 자금을 회수하기도 하지만 최근엔 구주매출을 통해 투자금을 회수하기도 해요. 세컨더리 펀드(Secondary Fund)를 통해서요. 세컨더리 펀드는 스타트업 등 기업에 직접 투자하는 것이 아니라 벤처캐피털이나 엔젤투자자가 보유한 주식(구주)이나 지분을 사들이는 펀드에요. 우리 엔젤투자자 입장에서는 우리가 보유하고 있는 주식(구주)을 세컨더리 펀드에 파는 것이죠. 기업에 직접 투자하거나 출자하는 펀드를 프라이머리 펀드(Primary Fund)라고 하는데 세컨더리 펀드는 프라이머리 펀드를 거래하는 펀드라고 할 수 있어요.

　벤처캐피털이나 초기 투자자는 펀드에 묶여 있던 투자금을 세컨더리 펀드에 되팔아 빠르게 투자금을 회수할 수 있고, 재투자 자금으로 또 다른 신규투자를 할 수 있는 여력을 갖게 해줘요.

　투자를 받는 기업의 입장에서는 주주가 바뀌는 거죠. 세컨더리 펀드는 기존 투자자의 구주를 사는 것이기 때문에 회사로 투자금이 들어가지는 않아요. 당근마켓, 직방, 센드버드 등의 유니콘 포트폴리오를 보유한 펀드 지분이 세컨더리 시장에서 활발하게 거래됐어요.

세컨더리 펀드 운용사 입장에서는 기업에 대한 검증을 받은 후에 투자할 수 있다는 점에서 프라이머리 펀드에 비해 안정적이라는 장점이 있다고 할 수 있어요. 또한 펀드 만기 전 거래가 이뤄지는 까닭에 시장 평가가치보다 할인된 가격에 지분을 인수해올 수 있다는 장점이 있어요.

7개의 평가 기준 마련

마지막 토론회

마지막 선택을 앞두다

간략한 평가 기준이 필요했어요. 7개의 기준을 세웠죠. 기준에 따라 6개 스타트업들을 비교, 평가했어요. 각 항목별로 상중하를 나누고 간단한 코멘트를 붙였어요.

1. 후속 투자가 빨리 이루어질 수 있는가?
2. 어떤 고객을 대상으로 하는가? 고객의 페인포인트를 해결하는가?
3. 매출, 영업이익 있는가?
4. 시간 대비 성장 속도는 어떤가?
5. 투자금이 효율성 있게 활용되는 기업인가? (투자금 활용도)
6. 시장에서 이슈를 일으킬 수 있는 기업인가?
7. 대표와 조직의 역량은 어떤가?

1. 후속 투자가 빨리 이루어질 수 있는가?
우리가 투자한 후에 다음 투자가 이루어질 수 있는 가능성이 높은 스타트업인지, 어느 정도 시점에 다음 투자가 이루어질 수 있을지 가늠하는 질문이에요. 투자 네트워크가 좋은 스타트업의 경우 앞으로 맞이하게 될 투자 라운드를 미리 준비하기도 하거든요. 우리가 투자 후 스타트업이 지표를 만들고 그 지표를 바탕으로 다음 투자가 잘 이루어지면 스타트업의 기업가치가 빠르게 오를 수 있어요. 스타트업 창업가가 보유한 투자 네트워크, 스타트업에 투자한 투자자가 보유한 투자 네트워크, 현재 미팅하고 있는 투자사들을 보면서 질문에 대한 답을 내렸어요.

2. 어떤 고객을 대상으로 하는가? 고객의 페인포인트를 해결하는가?

고객이 명확하게 정의되어 있고, 그 고객을 대상으로 필요한 서비스를 제공하는지 판단하는 질문이에요. 또한 고객이 페인포인트를 갖고 있는지도요. 페인포인트를 갖고 있는 고객일수록 서비스에 지불할 의사가 크다고 볼 수 있어요. 페인포인트는 고객이 단순히 필요한 것이 아니라 해결하고자 하는 욕구가 있는 상태를 의미해요. 예를 들면 '공인인증서' 같은 거죠. 공인인증서를 사용할 때마다 그게 없어지면 좋겠다고 생각하잖아요. 그걸 대체할 서비스가 있다면 고객이 빨리, 많이 늘어날 거예요. 보증금 제로의 경우 보증금을 내기 어려워하는 사회 초년생들을 타깃으로 했어요. 목돈이 없는 사회 초년생들이 활용하기 좋은 서비스였죠. 보증금을 납부하지 않는 대신 월세가 조금 높아요. 그래도 보증금 부담이 있는 고객에게는 꼭 필요한 서비스죠. 고객의 페인포인트를 해결한 사례라고 할 수 있어요. 독립장군은 고시원을 찾는 거주자가 고시원에 직접 방문하지 않고도 방을 보고 계약을 할 수 있게 플랫폼을 개발했고, 거주자가 발품을 팔아야만 하는 페인포인트를 해결한 사례로 볼 수 있어요.

3. 매출, 영업이익 있는가?

유저만 유입시키고 있는 서비스인지, 매출과 영업이익이 발생 및 증가하고 있는 서비스인지 파악하는 질문이에요. 투자 시장이 경직되는 시점이라 이 질문이 필요했어요. 자생할 수 있는 스타트업인지 알아야 했거든요. 투자금으로만 운영되는 스타트업의 경우 투자금을 다 쓰고 추가 투자가 없을 경우 조직의 운영이 어려워져요. 심한 경우에는 좀비기업으로 남거나 폐업을 하는 수도 있어요. 스타트업의 매출을 볼 때는 매출이 스타트업의 주요 서비스를 통해 발생하는 매출인지 보고 스케일업이 가능한 서비스인지 판단해야 해요. 주요 서비스와 스케일업이 가능한 매출이 최고의 매출처라 할 수 있죠. 차선이라면, 스케일업 모델이 있는 상태이고

KPI를 만들면서, 어떻게든 다른 매출로 버틸 수 있는 게 좋아요. 매출이 주요 서비스를 통해 발생하는 건 아니더라도, 생존은 해야 하니까요. 스케일업 모델은 있지만 매출이 발생하지 않는 스타트업은 투자금에 의존해야 하기 때문에 리스크가 커요. 물론, KPI가 빠르게 성장하면 추가 투자를 유치해 생존력을 높일 수 있고요.

4. 시간 대비 성장 속도는 어떤가?

스타트업 설립 전 창업가는 사업을 얼마나 구상하고 준비했는지, 스타트업 설립 직후부터 지금까지 어떤 KPI를 만들고 있는지, 앞으로는 어떤 속도로 성장 가능할지 판단하는 질문이에요. J커브의 어느 시점에 있을지 가늠하는 질문이죠. 물론, 가늠하는 것이지, 실제 진행되는 속도는 다를 수 있어요. 독립장군의 경우 투자 검토를 막 시작하던 시점 즉 5월에 서비스를 출시해, 6월, 7월이 되면서 급격하게 상승하는 지표를 만들고 있어요. 우상향하는 그래프를 만들면서 J커브의 형태를 그리고 있는 거죠.

5. 투자금이 효율성 있게 활용되는 기업인가?

투자금이 들어가면 그 투자금을 통해 성장을 할 수 있는 스타트업인지, 투자금을 통해 얼마나 성장할 수 있을지 가늠하는 질문이에요. 어떤 경우 투자금이 제대로 활용되지 못해 투자금이 성장에 영향을 끼치지 않을 수도 있거든요. 만약 투자를 받게 되면 그 금액이 어떻게 사용될 것인지 투자금 사용 내용을 IR에 담아요. 어떤 인력을 충원할 것인지, 몇 명을 채용할 것인지, 마케팅비는 얼마를 쓸 건지, 마케팅비를 쓰고 어떤 결과를 낼 수 있을 건지 등.

6. 시장에서 이슈를 일으킬 수 있는 기업인가?

사업성을 판단할 때는 아이템과 함께 시장 상황도 같이 봐요. 일종의 트렌드라고 할 수 있어요. 보증금제로는 한국의 전세 시장이 월세 시장으로 전환되는 시점에 서비스를 제공하고 있어 이슈를 일으킬 수 있을 법한 아이템이었죠. 이유있는대표는 푸드데이터에 대한 관심이 증가하고 있어 반찬 프랜차이즈 서비스를 하면서 푸드데이터 사업을 함께 펼치고 있어요.

7. 대표와 조직의 역량은 어떤가?

대표를 필두로 팀 역량을 평가하는 질문이에요. 팀 구성이 잘되어 있는지, 핵심 인력이 구축되어 있는지 등. 엔젤투자는 사람에 하는 투자에요. 사람은 대표이면서 동시에 대표와 사업을 만드는 팀원들이죠. 보통 대표와 인연을 이어온 팀원들이 많아요. 과거에 어떤 사업을 함께한 이력이 있는 주요 팀원들, 근무했던 직장에서 함께 창업한 경우 등 사례는 다양해요. 주요 임원 중에는 사업의 성과에 영향을 끼치는 인프라를 갖고 있는 경우도 있고요. 독립장군의 경우 고시원을 타깃으로 서비스를 제공하는데, 독립장군의 임원 중 한 명이 고시원 업계에서 영향력이 있더라고요.

공명1호투자조합
결성계획서 승인
출자자 모집에 집중하다

　개인투자조합을 만들기 위해서는 결성계획서를 작성해야 해요. 결성계획서는 앞으로 투자조합을 어떻게 운영할지, 얼마의 자금을 모집하고, 어떤 회사에 투자할지, GP의 관리보수와 성과보수는 어떻게 책정되는지 등 투자조합 전반에 관한 정보가 담긴 자료에요. 결성계획서와 투자조합 규약을 만들어서 중소벤처기업부에 신청을 하면, 중소벤처기업부에서 신청 승인을 내줘요. 그럼, 그때 투자조합을 만들 수 있게 되는 거죠. 출자자 모집도 신청 승인이 난 후에 진행해야 해요.

　첫 번째 중소벤처기업부의 승인을 받기 위해서는 서류를 제출해야 해요. 결성계획서, 규약, GP 개인정보수집이용동의서 세 개의 자료가 필요해요. 신청 후 승인이 나면 본격적으로 출자자를 모집하고 투자조합을 등록할 수 있어요. 서류는 결성계획서, 규약, GP 개인정보수집동의서 정도만 먼저 준비해 두면 돼요. 결성총회 의사록, 출자자명부 등은 승인이 떨어지고 나면 작성을 시작하면 되고요.

"액셀러레이팅에 교육의 역할을 포함할 수 있을까?"

간혹 스타트업 창업가 중에 '자금만 있으면 되는데'라고 얘기하는 창업가가 있어요. 사실 자금이 문제가 아닌 것 같은데 말이죠. 창업가는 사업가로 성장하고, 사업가는 기업가로 성장해요. 비전이 확실하고 일이 세워지면 사람이 몰려요. 사람이 몰리면 돈도 몰리고요. 투자자들로부터 자금을 유치하기 위해 비전과 일을 세우는 것이 우선인데, 그 과정을 생략하는 것이죠. '자금만 있으면 되는데'라고 생각하는 경우, 사업이 풀리지 않는 이유를 '자금'에 둬요. 그러니 자금 외 다른 요인을 파악하는 것에 소홀하고요. '리더'는 창의성을 발휘해서 위기를 넘겨야 해요. '문제는 자금이다'라고 딱 박아두면 창의성을 발휘하기 어려운 거죠. 이런 프레임에 빠져 있는 대표의 경우 돈을 투자하기보다는 교육을 통해 다른 프레임을 보여주고, 자기 프레임에 일부 도입하도록 하는 게 어떨지 생각해요. 문제가 돈이라고 생각하는 창업가는 돈을 투자받고도 돈이 부족해서 사업을 앞으로 끌고나가지 못한다고 생각할 확률이 높으니까요.

7월 16일 토요일 자정

최종 1개 스타트업 선택을 위한 투표 링크 공유

에밀리 : "드디어 결정됩니다! 투표에 참여해 주세요!"

　16일 토요일 자정, 출자자들에게 투표 링크가 발송됐어요. 이제 딱 한 개 기업을 선택해야 했죠. 투표 시간은 24시간이에요. 24시간 뒤에 투표를 종료하고, 18일 월요일에 최종 투자처를 발표해요. 과연 어떤 스타트업이 선정될까요?

　5월부터 투자자들과 투자 검토를 시작했는데, 벌써 7월 중순이 됐어요. 어찌어찌 이렇게 선택의 순간까지 오게 됐네요. 모두들 한 표를 던질 수밖에 없는 것에 아쉬워했어요.

　얼마 되지 않은 과거를 되짚어 봤어요. 큰 스텝들이 몇 개 있었네요.

　1. 엔젤투자를 하는 팀, 백억 파트너들을 만나고, 함께 목표를 세운 것.
　2. 스타트업 창업가들을 만나고 투자 검토에 들어간 것.
　3. 기업 경영, 운영과 관련된 전문 역량을 갖춘 그룹B 시스템을

구축한 것.

    4. 단톡 '제갈공명 파트너즈'를 만들어 소통을 활성화시킨 것.

    5. 1차 투표 후 6개 스타트업을 선정한 것.

    6. 공명론을 통해 투자자들이 논할 수 있는 판을 만들고, 최종 투자처를 결정한 것.

    7. 2차 투표를 통한 최종 투자처 결정.

• GP는 창업가 •

    GP는 창업가에요. 투자도 하지만, 투자사업을 하는 창업가에 더 가깝죠. 투자할 계획을 세우고, 투자자들의 자금을 운용하고, 투자에서 성과를 내고, 스타트업과 교류하며 기회를 찾고 기회를 극대화해야 하니까요.

    GP도 스타트업 창업가와 마찬가지로 투자를 이끌어낼 수 있어야 해요. 투자를 받는 것과 마찬가지이죠. GP는 어떻게 투자를 받을 수 있을까요? 우리는 어떤 창업가에게 투자하기를 원할까요? 어떤 사람에게 투자하겠어요?

    '투자를 받을 수 있는 사람'은 첫째 그 사람의 역사를 통틀어 신뢰할 수 있는 사람이에요. 둘째 단순히 신뢰만 해서는 안 되고, 부가가치를 낼 수 있는 아이템을 보유하고 있어야 하죠. 셋째 아이템을 현실화하고 가치를 창출할 수 있어야 해요. GP도 말이 아니라 과거의 행적을 통해 신뢰가 가능한 사람이어야 하고, 성장하는 스타트업들을 알고 있어야 하며, 공동GP와 LP들을 위해 소통하고 자금운용을 집행 및 관리할 수 있어야 해요. 그럼 GP도 투자받을 수 있는 거죠. 물론 그 자금으로 스타트업에 투자하겠지만요.

　GP는 운용보수와 성과보수를 받아요. GP도 투자에 참여하는 투자자이지만, 조합을 관리하기 때문에 그에 대한 보수를 받는 거죠. 운용보수는 '급여'처럼 받는 거고, 성과보수는 '인센티브'에요. 규약에 약속된 운용보수를 받고, 스타트업 투자를 통해 성과가 크면 비율을 정해 성과보수를 받죠. 조합을 잘 운용하면 GP도 훌륭한 사업모델이 될 수 있어요. 어때요? 공동GP로 스타트업 투자를 해볼까요? 그룹B에 합류하여 스타트업을 액셀러레이팅하고, 성과보수를 나누어 볼까요?

최종 투자처 결정!

'독립장군' 1위로 선정!

최종 투자처, 그리고 공동 2위가 선정되다

7월 17일 일요일 밤, 대부분이 투표에 참여했어요.

최종 투자처가 선정되었어요. 몇 명이 더 투표에 참여한다고 해도 1위와 2위가 뒤바뀔 상황은 아니었죠. 당장이라도 스타트업 대표에게 연락해 선정 여부를 알리고 싶었지만, 공식 발표일이 18일 월요일이니까요.

"축하합니다! 독립장군!"

1위와 2위가 접전을 펼칠 줄 알았는데, 생각보다 표 차이가 크게 났어요. 1위는 15표, 2위는 공동으로 두 개의 회사가 4표씩 획득.

1위의 득표 요인은 마지막까지 이어진 적극적인 홍보와 스킨십이었어요. 두 번째 순서로 오프라인 IR을 했고, 가장 마지막에 오프라인 IR을 또 했죠. 등산도 함께 갔고 막걸리도 마셨고요. 투자자들과 접점을 늘리고 마음을 얻은 것이 주요했고, 기본적으로 KPI 즉 성과지표도 상승 중이었죠. 타깃 고객도 명확했고요.

• 엔젤, Pre A 라운드 스타트업 준비 사항 •

'창업가는 적어도 이 정도는 준비해야, 투자자와 투자 이야기를 나눌 수 있다.' 투자 관련 소통에 필요한 최소의 준비 사항을 적어 볼게요. 풀어서 설명하면, 이 정도 준비가 안 되면 투자 논의를 해도 무의미해요. 투자를 받을 준비가 안 되어 있다고 봐도 될 거예요. 엔젤라운드, Pre A 라운드만 언급해요.

엔젤라운드

1. 사업 모델이 명확한가?
2. 사업소개서가 준비되었는가?
3. 코파운더가 있는가?
4. KPI가 명확히 정의되어 있는가?
5. 주식회사로 설립되어 있는가?

6. 주주구성이 명료한가? 사업을 이끄는 대표가 다수의 지분을 보유하는가?

Pre A 라운드

엔젤라운드 내용을 포함하며,

1. KPI (핵심성과지표)가 상승하고 있는가?

2. 스케일업 가능한 사업 모델인가? 스케일업 모델로 KPI가 발생하고 있는가?

3. 주요 파트의 업무를 담당할 팀원들로 조직 구성되어 있는가?

4. 주주명부, 정관, 등기사항, 이사회 의사록 등 사업체를 구성하는 법적 구성요소들이 잘 관리되고 있는가?

5. 국세, 지방세, 건강보험료 등이 연체 없이 납부되고 있는가?

6. 회사, 대표자 개인의 채무 관리가 제대로 되고 있는가?

실사 (實査)

투자 딜 (Deal)

투자 전 마지막 관문을 맞이하다

독립장군의 실사 일정이 잡혔어요. 실사는 창업가가 사업에 관해 소개한 내용이 사실과 일치하는지 확인하는 거예요.

정관, KPI, 주주명부, 재무상태 등을 파악해요. 일주일 전에 회사에 자료를 요청하고, 자료를 받은 후 검토 및 확인해요.

실사를 하면서 최종 투자를 위한 스타트업의 가치, 투자 종류도 확정할 수 있어요. 꼭 동시에 하는 건 아니고요. 투자 종류가 정해지고 실사를 하는 경우도 많아요.

최근 경제 상황이 얼어붙고 있는 관계로 스타트업의 가치가 과거에 비해 인정을 받지 못한다는 얘기도 있어요. 그룹B를 포함한 출자자들 사이에서 벨류 즉 기업가치가 이슈가 되었죠. 투자자 입장에서 기업의 가치를 낮춰 투자를 하면 이득이라 생각할 수 있지만 꼭 그런 것만은 아니에요. 그 지분이 당장 가치를 갖지는 않기 때문이죠. 그 지분이 실제 가치를 발휘하기 위해서는 회사가 성장해야 해요. 회사가 성장하기 위해서는 창업가가 회사를 키울 동기를 충분히 확보해야 하고 회사가 추가 투자유치를 받을 수 있는 상태가 되어야 해요. 창업가에게 가장 큰 (수익 측면) 동기는 '지분'과 '지분 가치 상승'이에요. 즉 창업가에게 최대 지분이 있는 상태여야 한다는 거죠. 회사가 성장하는 동안에 투자를 반복해서 받아야 하기 때문에 창업가의 지분이 높아야 해요. 회사가 어느 정도 시스템을 갖추고 돌아가기 전까지 창업가가 의사결정을 주도할 수 있어야 하고요.

• 실사 체크리스트 •

아래는 기본적으로 학인할 사항이에요. 추가로 더 확인할 사항이 있을 경우 스타트업에 요청하면 돼요.

표준재무제표, 추정수익에 관한 엑셀 파일

특허, 저작권, 벤처기업확인서

4대보험가입증명원, 국세완납증명원, 지방세납세증명서

잔액증명서

정관, 등기부등본, 주주명부

투자유치현황, 차입금현황

조직도, 근로계약서, 핵심 구성원 이력서

뻔뻔함

후츠파 정신

투자에 정해진 공식은 없으니까

후츠파 정신은 뻔뻔함, 대담함을 뜻하는 유대인의 말이에요.

직장인이나 주부의 경우 스타트업 창업가나 투자자들과 소통하는 걸 어려워하는 경우도 있어요. 사람을 만나고 네트워킹을 하고 어떤 사안에 대해 논하는 게 익숙하지 않은 거죠. 우리도 처음에 그랬어요. 투자를 두고 논하는 자리에서, 우리가 그 자리에 있어도 되는 건지, 뭘 말해도 되는 건지, 질문을 해도 되는 건지, 생각이 많았죠. 그래서 백억 파트너들은 뻔뻔함을 가지기로 했어요. 후츠파 정신. 파트너들은 후츠파 정신을 기르는 목적으로도 '하브루타'를 해요. 매주 1:1로 질문하고 대답하면서 소통을 훈련해요.

투자에는 정해진 공식이 없어요. 과거에 투자했던 방식으로, 이번 투자도 할 수 있는 게 아니잖아요. 분명 투자 대상의 조건들이 많이 바뀌어 있거든요. 사람, 사업, 상황, 세 가지 조건이 모두 달라요. 사업을 이끄는 리더와 팀, 이해관계자들, 아이템, 비즈니스 모델의 업종 등. 그렇기 때문에 '소통'이 중요해요. 과거에 갖고 있던 걸 꺼내서 써먹는 게 아니라, 새로운 환경에서 새로운 공식을 찾아내야만 하니까요. 후츠파 정신을 포함한 유대인의 소통 문화는 그런 면에서 도움이 돼요. 끊임없이 소통하고, 새로운 답을 찾아내게 하니까요.

일을 재밌게 하는 사람들

백억 파트너들

함께 투자하고 사업을 키우는 전략적 관계를 만들다

그런 이야기를 들은 적 있어요. 유대인에게 언제부터 토론을 시작하냐고 물었더니, 뱃속에 있을 때부터라고 답했다고. 대단하죠. 유대인들이 세계 경제에 큰 영향을 끼칠 수 있는 건 그들의 소통 방식과 학습 방식 때문이에요. 만사만물을 대상으로 많은 것을 논하면서 살아요.

많이 논하면 감정적으로 부딪히게 돼요. 미리 부딪혀 두는 거죠. 그러면 나중에 진짜 감정적인 일이 발생했을 때도 적응이 되어 있어서, 그런 걸로 헤어질 일이 없어요. 반면 한국은 부딪히는 걸 경계하죠. 감정이 격해지면 서로를 안 보려 해요. 그때부터 문제가 생기죠. 사업은 어떻게든 끌고 가야 하는데, 감정의 골이 생기면 안 보려 하니까요. 문제 해결이 안 되는 거예요. 한국에서는 동업하면 망한다, 친구와 동업하지 말라고 하잖아요. 사업을 동업 없이 키울 수 있나요? 거래처도 동업의 관계이고, 직원도 동업의 관계인데요.

백억 파트너들은 소통의 힘을 경험하고 있어요. 만난 지 불과 5개월인데, 함께 투자조합을 만들고, 엔젤투자를 위한 새로운 문화를 제시하고 있는 우리의 모습을 보면서요. 이렇게 책도 한 권 함께 쓰고요.

다섯 명 모두 함께하는 활동을 즐기고 있어요. 도전하고 성장하고 있음을 느끼면서요. 목표에 도달할 때까지 즐기고 싶어요. 과정이 힘들 순 있지만 힘들다고 해서 즐기지 못하는 건 아닌 듯해요. 고생해도, 보람되고 결과가 있다면, 그리고 스스로 성장하고 있다고 생각할 수 있다면, 일도 즐거울 수 있잖아요. 일을 재밌게 하는, 즐기는 사람들이 되길 바라요. 열정을 쏟아부을 수 있는 일, 함께 희망을 나눌 수 있는 일! 그리고 사람들!

새로운 모델의 액셀러레이터

엔젤투자자들이 중심이 되는 액셀러레이터

300명의 엔젤투자자들이 모인다면?

공명1호투자조합을 진행하는 과정에 액셀러레이터 설립에 관한 아이디어가 나왔어요. "엔젤투자자들이 중심이 되고, 엔젤투자자들이 즐길 수 있는 액셀러레이터를 만들어 볼까?" "놀이터 같은 거야. 투자자들이 마음껏 뛰어놀 수 있는 놀이터!"

누구 하나가 리드하는 게 아니라, 끝장토론을 통해 조직이 굴러가고, 투자의사결정이 되는 그런 구조를 갖춘 액셀러레이터. 그렇게 하려면 지배구조가 분산되어야 했어요. 결국 나온 게 '동등한 지분율'이었죠.

"300명이 모두 동등한 지분율을 가지는 거야."
"그럼 몇 %가 되지?"
"0.33%"

"지분 구조가 그렇게 되어도 회사가 굴러갈까? 배가 산으로 가는 거 아냐?"

"배가 산으로 가면 좋은 거지. 특별하잖아. 배가 산으로 갈 정도로 특별한 일이 생겨야 백 배 수익을 내고 유니콘을 만들 거 아니야. 평범하게 남들 다 하는대로 해서 어떻게 특별한 결과를 만들겠어?"

Q&A

Q. 동등한 지분율은 어떤 의미를 갖나요?
A. 동등한 지분율은 동등한 의사결정 권한을 갖고 있다는 것을 의미해요. 모든 주주들이 동등한 의사결정 권한을 가짐으로써 발언에 보다 편하게 참여할 수 있지 않을까 해요.

공명 이사회 구축

백억 파트너 7명 & 그룹B 3명 참여

공명1호의 주역 10명이 공명의 이사진으로 모이다

　액셀러레이터 사업도 개인투자조합을 운영한 것처럼 운영해보자고 했어요. 그렇게 하려면 설립 과정부터 논의를 시작해야 했죠. 논의를 할 사람들이 필요했어요. 전문적인 역량을 지닌 팀원들이 필요했죠. 그룹B로 함께 활동한 팀원들, 그리고 개인투자조합을 진행하던 사이에 추가로 합류한 백억 파트너들이 이사진으로 활동 의사를 밝혔어요. 백억 파트너로 벤과 데이빗이, 그룹B에서는 켄, 화이트, 야니가 참여했어요. 공명의 사업 모델을 논할 이사진들이 정해진 거죠.

　꽤 많은 논의거리들이 있었어요.
　"300명의 파트너들이 의사결정은 어떻게 해야 할지."
　"0.33%의 지분을 보유하는 것이 합리적일지."
　"파트너들은 의무투자를 하는 게 맞을지. 맞다면 얼마를 해야 하는지."

"300명을 한 번에 다 모으고 시작할 수 없을 건데, 초기 법인 설립 시에는 몇 명이 참여할 건지."

"활동을 하다가 나가는 사람이 있을 경우 그가 보유한 주식을 어떻게 처리해야 하는지."

역시, 그룹B!

백억 파트너들은 비전을 갖고 있었지만, 비전을 구체화하기 위해 무엇을 논해야 하고, 무엇을 해결해야 하는지, 무엇을 만들어야 하는지에 대해서는 충분한 역량과 경험을 갖고 있지 못했어요. 그룹B의 켄, 화이트, 야니가 합류하면서, 그런 부분들을 섬세하게 잡아주기 시작했어요.

차후 백억 파트너로 합류한 벤은 이런 논의거리들을 정리하고 공유하는 역할을 담당했어요. 결론 내려지지 않은 논의 사항들을 카페에 정리하고, 다음 날 이사회 단톡에 공유하는 일을 했어요. 이사들은 중요한 이슈부터 하나씩 논의하고 결론내리기 시작했죠.

이사회를 통한 첫 번째 의사결정

공명의 본질은?

0.33%를 깨트리다

꼭 300명이어야 하는지, 300명이 0.33%를 보유해야 하는지, 누군가 더 많은 지분을 보유할 순 없는지, 의무출자를 둘 건지. 이런 것들이 가장 처음으로 주요한 논의 사항이 됐어요. 이 기준이 만들어져야 공명의 사업에 합류할 출자자, 파트너들을 모집할 수 있으니까요.

화이트는 0.33%씩 300명이 주식을 나누어 가지는 모델이 어떻게 만들어진 건지, 근본적으로 왜 이런 모델이 나오게 된 건지 설명을 요청했어요. 그 부분에 따라 반드시 저 룰을 지켜야 하는 건지, 아니면 변동이 가능할지 결론을 내릴 수 있으니까요.

공명의 본질은 '참여하고 토론하여 투자처를 결정하는 문화'에 있었어요. 그것을 실현하기 위해 참여하는 이들이 공평하게 지분을 갖는 개념이었죠. 논의를 통해 결론이 났어요.

지분율은 꼭 균등할 필요가 없다. 더 투자하고 싶은 사람은 더 투자하여 지분을 많이 보유할 수 있게 하자. 지분에 많은 투자는 하지 않지만 투자조합에 적극적으로 참여하는 이들도 있을 것이다. 파트너들마다 보유하는 지분율에는 차이가 있을 수 있지만 의결권을 동등하게 하여 의사결정을 할 때 평등한 관계에서 의사결정에 참여할 수 있도록 하자. 그렇게 하면 공명의 초기 목적을 달성하면서도, 조금 더 자유로운 지분 참여 동기가 일어날 듯하다. 단, 1인이 보유할 수 있는 최대 지분율은 10%이다.

백억 파트너들이 처음 구상한 모델이 이사회의 논의를 통해 깨졌어요. 300명이 동등하게 지분을 갖고 가는 모델이요. 우리는 우리가 처음 만든 계획을 고집할 수도 있었지만, 논의를 하고, 보다 합리적인 방향으로 가는 게 맞다고 생각했어요. 그래서 초기 세운 모델을 고집하지 않고, 논의를 통해 내려진 결론에 따르기로 했죠. 이야기를 해 보니, 정말 더 큰 기회가 보였어요. 더 나은 결론을 받아들이니 말이죠.

어떤가요? 그룹B, 그리고 백억 파트너들과 함께, 스타트업 엔젤투자로 백억 벌어볼까요?

부
록

1. 개인투자조합 설립 과정 "GP는 처음인데요?"
2. 백억 마을에 관하여
3. 엔젤투자에 참여하는 세 단계

• 개인투자조합 설립 과정 "GP는 처음인데요?" •

개인투자조합 결성에 필요한 17 단계

개인투자조합을 결성할 때 필요한 과정이나 준비 자료는 이미 잘 나와 있어요. 문제는 펀드레이징이죠. 어떤 서류가 필요하고 어떤 과정으로 개인투자조합을 결성하는지 알아도 출자자가 없으면 조합을 결성할 수 없으니까요. 이번 부록에는 펀드레이징 과정 및 방법을 포함하여 개인투자조합을 결성하는 방법을 설명해 볼게요.

1. 스타트업 투자에 관심 있는 사람들과 소통해요.
2. 투자유치를 원하는 스타트업과 소통해요.
3. 스타트업과 투자에 대한 가능성을 타진해요.
4. 개인투자조합 결성계획서를 작성해요. (투자처 확정 or 미확정 상태)

5. 개인투자조합 규약을 작성해요.

6. VICS에 회원 가입하고 프로그램을 설치해요.

7. 개인투자조합 결성계획서, 규약, GP 개인정보동의서를 VICS에 업로드하고 결성계획을 신청해요.

8. 보완 요청 또는 승인을 받아요.

9. 개인투자조합에 참여할 출자자들을 모집해요. 투자조합 설명회.

10. 세무서에서 고유번호증을 발급받아요.

11. 조합 통장을 만들어요.

12. 개인투자조합 등록을 위한 서류를 준비해요.

13. 투자조합에서 투자할 투자처를 확정해요. (이미 확정된 경우가 대부분)

14. 출자금을 납입해요.

15. 결성총회를 개최해요.

16. 결성등록해요. '등록' 승인 받아요.

17. 투자조합 및 스타트업을 후속 관리해요.

1. 스타트업 투자에 관심 있는 사람들과 소통해요.

개인투자조합을 결성하기 전에 개인 투자자들과 미리 소통해둘 필요가 있어요. 스타트업 엔젤투자에 관심 있는 개인 투자자들이 있는 커뮤니티에 가입하는 방법도 있고, 직접 커뮤니트를 만들어도 되죠. 카카오톡 오픈채팅방, 네이버 카페, 페이스북의 그룹 등. 커뮤니티를 만든 후에는 엔젤투자에 관한 정보를 공유하거나 스터디 그룹을 만들어 함께 공부하는 것도 좋아요. 커뮤니티를 활성화시켜야 회원 간 교류가 되고, 차후 출자자를 모집할 때 수월해요. 스타트업에 투자할 출자자를 모집하는 게 쉬운 일은 아니거든요.

단순히 "엔젤투자를 해보자"는 접근보다는 추구하는 방향과 선호하는 투자 형태가 명확하면 좋아요. 일종의 '비전'이죠. 그래야 출자자도 차별화를 느끼고 함께 투자하고자 할 거니까요. 비전을 만들기 위해서는 '왜 나는 스타트업 투자를 하려 하는가?'라는 질문을 스스로에게 던져볼 필요가 있어요. 본질적인 질문에 대한 답들이 쌓이는 과정에 구체적인 투자 방향이 세워지거든요.

"나는 왜 스타트업에 투자하는가?"

"나는 출자자들과 어떤 목표를 이루고자 하는가?"

"스타트업 투자는 어떤 의미를 가지는가?"

"스타트업 투자는 필요한가?"

"나는 어떤 스타트업에 관심 있는가?"

2. 투자유치를 원하는 스타트업과 소통해요.

투자를 원하는 스타트업들을 다수 만나야 해요. 실제로 투자를 할 수 있을 만한 스타트업을 찾아야 하니까요. 만나는 수가 늘어나면 투자 가능성이 있는 스타트업의 수도 늘어나요.

지인의 소개, 데모데이 참석, IR 참석, 크라우드펀딩 투자설명회 참석 등 다양한 루트로 스타트업 창업가를 만날 수 있어요.

창업가들이 있는 커뮤니티에 가입하는 것도 방법이죠. 투자자도 참여 가능한 창업가 커뮤니티가 있어요.

스타트업과의 소통은 미리 시작해두는 게 좋아요. 첫 만남부터 투자까지 수개월이 걸리거든요. 어떤 식으로 소통하는지도 중요해요. 창업가가 어떤 니즈를 갖고 있는지 파악하는 것이죠. 경우에 따라 창업가가 투자받기를 거부할 수도 있어요. 돈도 돈이지만 어떤 성향을 가진 투자자인지, 창업가도 판단하는 것이죠.

3. 스타트업과 투자에 대한 가능성을 타진해요.

개인 엔젤투자자들과 소통하게 되면 스타트업 소개를 받는 경우가 있어요. 이때 자료만 보고 판단하지 말고 창업가를 꼭 만나보길 권해요. 자료만 보는 것, 온라인으로 사업 설명을 듣는 것,

창업가를 만나서 사업 소개를 듣는 것, 창업가의 사무실에서 투자 설명회를 듣는 것. 모두 다른 느낌을 받아요. 한 명의 창업가와 위의 과정을 거치며 투자 가능성을 미리 검토해 두는 것이 좋아요.

창업가와의 투자 미팅에 부담을 가질 필요는 없어요. 스타트업 투자는 바로 결정할 수 있는 것이 아니거든요. 시간을 두고 만나면서 가능성을 느껴보는 게 중요해요. 확신이 들면 다른 투자자들에게도 소개할 수 있는 거죠. 확신이 들기까지 몇 달이 걸릴 수도 있어요. 그러니 '투자 미팅은 하지만 투자 결정에는 시간이 걸릴 수 있다'는 걸 창업가에게 알리고 미팅을 이어가면 돼요. 보통 3개월에서 6개월 정도는 소통을 이어가는 게 좋아요.

소통을 이어가며 투자에 관심 가는 스타트업들을 좁혀보세요. 그리고 그 스타트업들의 사업 내용을 갖고 예비 출자자들과도 소통해 보고요. 그럼 관심도를 파악할 수 있어요.

4. 개인투자조합 결성계획서를 작성해요. (투자처 확정 or 미확정 상태)

결성계획서 승인을 받기 전에 출자자를 모집하면 안 돼요. 그러니 개인 엔젤들과 소통을 하지만 출자 목적으로 하기보다는 스터디 목적, 스타트업 정보를 공유하는 목적으로 소통하는 게 좋아요.

결성계획서 승인이 난 후 출자자 모집이 가능하니, 우선 결성계획서부터 작성해요. 결성계획서 폼은 엔젤투자지원센터에서 다운받을 수 있어요. 폼을 다운받고 내용을 채워보세요.

결성계획서에는 개인투자조합의 이름, 운용기간, 관리보수, 성과보수, GP 이력 등 정보가 들어가요.

5. 개인투자조합 규약을 작성해요.

규약은 출자자들이 정하는 개인투자조합에 관한 약속이에요. 물론 출자자들이 없기 때문에 GP가 작성해요. 어떤 약속과 규칙을 출자자들과 지키겠다는 내용이 담기죠.

6. VICS에 회원 가입하고 프로그램을 다운받아요.

결성계획서 신청과 조합 등록은 VICS라는 프로그램에서 해요. http://install.k-vic.co.kr/sda/sda/

위 링크로 들어가서 회원가입하고, 프로그램을 다운받으면 돼요.

7. 개인투자조합 결성계획서, 규약, GP 개인정보동의서를 업

로드하고 결성계획을 신청해요.

VICS 프로그램 내에서 결성계획서 신청을 하면 돼요.

기본 정보를 등록하고, 결성계획서, 규약, GP 개인정보동의서 세 개의 파일을 첨부하면 돼요.

신청할 때는 공인인증서가 필요해요. 신청 전에 공인인증서를 등록해 두도록 해요.

8. 보완 요청 또는 승인을 받아요.

보완할 내용이 있는 경우 보완 요청을 받아요.

별 문제가 없으면 승인을 받고요. 승인이 나면 본격적으로 출자자 모집을 시작하면 돼요. 물론 시간을 절약하기 위해 승인 전에 조합 소개서도 준비해둘 필요가 있어요.

9. 개인투자조합에 참여할 출자자들을 모집해요. 투자조합 설명회.

조합 소개서는 출자자들에게 제공하는 자료인데, 조합의 운영에 관한 사항과 투자처에 대한 내용이 들어간다고 보면 돼요. 소득공제에 관한 내용도 들어가고요. 출자자들에게 결성계획서와 규약을 보여줄 수도 있지만, 임팩트 있게 간결하게 요약된 자료를 보여주면 더 좋잖아요. 그래서 미리 조합 소개서를 준비해 두는 거예요. 그리고 그 자료를 바탕으로 출자자들에게 조합을 소개하고요.

온라인 또는 오프라인으로 조합에 대한 소개를 해요. 이때 온라인으로 할 경우 참여 인원을 신경 쓸 필요가 있어요. 개인투자조합은 사모펀드이기 때문에 49인 이하에게 정보가 노출되어야 해요. 50인이 넘어가는 인원을 대상으로 동시에 투자 설명을 할 수 없다는 거죠.

(* 증권형 크라우드 펀딩은 공모이기 때문에 49인이 넘어가는 인원에게 정보를 제공하고 투자설명회를 해도 괜찮아요.)

10. 세무서에서 고유번호증을 발급받아요.

결성계획 승인을 받은 후 세무서에서 고유번호증을 받을 수 있어요. 고유번호증은 세금 납부를 위한 단체의 코드라고 보면 돼요. 지역의 세무서에서 발급받아요. 사업자등록증을 발급받는 것과 비슷해요.

필요한 서류는 다음과 같은데, 혹시 세무서마다 차이가 있을 수 있으니 방문 전에 확인해볼 것을 권해요.

투자조합 결성 승인 공문, 규약, 임대차계약서, 대표 GP 신분

증.

11. 조합 통장을 만들어요.

고유번호증, 조합 규약, 조합 도장, 신분증을 들고 은행에 가요. 조합 명의 통장을 만들어요.

12. 개인투자조합 등록을 위한 서류를 준비해요.

조합등록신청서, 규약, 조합규약동의서, 조합인감등록부, 조합 고유번호증, 잔액증명서, 출자증표, 조합원명부, 개인정보수집이용제공동의서.

신청서 양식은 엔젤투자지원센터 홈페이지에 나와 있어요. (www.kban.or.kr)

조합원 서명은 전자서명을 활용하면 편해요. 공명1호투자조합은 글로싸인을 이용했어요.

13. 투자조합에서 투자할 투자처를 확정해요. (이미 확정된 경우가 대부분)

보통은 투자처를 확정해 두고 결성계획서를 작성하고 출자자를 모집해요. 하지만 공명의 경우 투자자들과 함께 투자처를 결정하는 과정을 밟다 보니 최종 투자처에 대한 결정이 늦어졌죠.

14. 출자금을 납입해요.

GP, 출자자들은 최종 투자처에 대한 계약 내용을 파악한 후 출자금을 납입해요. 등록 서류에 서명을 하면서 출자금을 납입 받으면 돼요.

15. 결성총회를 개최해요.

규약, 투자 계약의 내용이 확정되면 결성총회를 개최하여 투자조합의 결성을 공식화해요. 출자자들과 소통 방식을 열어둘 필요가 있어요. 출자자들은 조합의 주인이기 때문에 조합이 어떤 의사결정을 할 때 출자자들의 동의가 필요하거든요. 그래서, 소통 채널을 잘 만들어두는 것이 좋아요. 미리미리 평소에도 소통을 하고요.

16. 결성등록해요. '등록' 승인 받아요.

결성총회, 출자금 납입이 완료되면, 앞서 언급한 모든 서류를 준비해서 조합 결성등록을 하면 돼요. 승인이 나면, 투자처에 투자하고요.

17. 투자조합 및 스타트업을 후속 관리해요.

스타트업 투자는 투자 후가 더 중요해요. 스타트업은 시스템이 완벽히 갖추어진 상태가 아니거든요. 시스템이 갖추어지지 않았다는 건 사업 모델이 확정적이지 않다, 일하는 방식이 확정적이지 않다, 주주와 소통 방식이 불명확하다고도 볼 수 있는 거예요. 그러니 투자하고 손을 놓고 있으면 관계가 단절돼요. 특히 스타트업은 데스벨리를 넘어야 하고 추가 투자유치가 몇 년 동안 필요한 상태이기 때문에 가까이서 소통하고 지원해야 대표와 조직이 힘을 낼 수 있어요. 투자처를 발굴하고 투자를 결정하고 집행하는 과정보다 훨씬 큰 힘이 투자 후에도 들어간다고 보면 돼요.

• 백억 마을에 관하여 •

　백억 파트너들과 백억 마을을 만들었어요. 백억 마을은 스타트업에 엔젤투자하는 투자자들이 모인 마을이에요. 모두 백억 자산을 꿈꿔요. 스톡옵션, 벤처기업인증 등 스타트업의 성장에 필요한 지식들을 함께 공부하고, 소액으로 투자하는 사람들이죠. 엔젤투자를 보다 적극적으로, 재미나게 하고 싶은 투자자라면 백억 마을에서 함께 활동해 보길 권해요. 단순히 투자만 하는 게 아니라, 적극적으로 활동하면서 스타트업의 성장에 기여하는 거죠. 즐거워요.

　백억 마을에 입주하기 위해서는 주민세를 내야 해요. 마을을 운영하기 위한 멤버십 비용이라고 보면 돼요. 주민세는 매주 화요일에 납부하고, 8,800원이에요. 한 달이면 35,200원. 부담 없죠? 공부만 하고 싶은 주민은 공부만 해도 돼요. 투자라는 게 부담스러울 수 있잖아요. 충분히 준비가 되었을 때 시작하면 돼요. 그리고 선배들의 모습을 보면서 활동에 하나씩 참여하면 되고요. 엔젤투자를 잘 모른다고 해서 기죽을 필요 없어요. 우리 백억 파트너들도 엔젤투자를 잘 모르는 상태에서 시작했고, 지금도 배우고 있거든요. 전문가 그룹인 그룹B에서 많은 도움을 받고 있어요.

백억 마을의 주민들은 네이버 카페 〈백억 마을, 스타트업 엔젤투자〉에서 활동해요. 카페에 들러서 분위기도 보고, 가입 인사도 작성해 주세요.

주소 : https://cafe.naver.com/idorun

• 엔젤투자에 참여하는 세 단계 •

1. 세포 증식의 원리 이해하기
2. 엔젤투자 활동에 참여하고 공부하기
3. 전문가들과 팀 꾸리기

세포 증식의 원리 이해하기

'이런 세상도 있구나' 이해하고 그 세상을 이해하기 위한 노력을 기울여 봐요. 스타트업은 기업 성장의 공식을 바꾸고 있어요. 세포가 기하급수적으로 증식하는 것처럼 주식이 늘어나고 커진다는 걸 이해하면 백억에 도달하기 위한 첫 준비가 된 거예요.

엔젤투자 활동에 참여하고 공부하기

몸을 움직이는 게 첫 번째, 공부하는 게 두 번째에요. 공부를 먼저 하면 재미가 덜 해요. 몸을 먼저 움직여 보세요. 창업가 투자자들과 등산 한번 갈까요? 찾아 보면 스타트업 관련 다양한 행사들이 있어요. 우선 참여하고, 다음으로 공부하는 거!

전문가들과 팀 꾸리기
우리는 열정은 있지만 전문성은 떨어지잖아요. 스타트업의 회계를 분석한다던가, 기업가치를 산정한다던가 하는 측면에서 부족할 수 있어요. 그렇지만, 우리가 가진 열정으로 투자는 리드할 수 있어요. 우리의 열정에 전문가들의 날카로운 안목을 접목시켜 봐요. 투자 승률을 올릴 수 있어요.

에필로그

첫 번째 투자를 하면서 스타트업 투자는 팀플레이라는 걸 배웠어요. 공명1호투자조합에는 35명의 출자자들이 참여했고, 총 출자금액은 1억 3천 1백만 원이었어요. 막판에는 독립장군의 지인들도 출자를 참여했죠. 액셀러레이팅 팀원이 12명. 12명 안에 GP가 3명. 투자조합은 1차로 백억 파트너들이 리드하고, 그룹B와 GP가 함께 움직였죠. 그렇게 12명이 움직이니 출자자들도 합이 좋았어요. 같이 호응하면서 투자에 참여했죠.

문샷 씽킹 (Moonshot Thinking)이라고 해요. 달을 보기 위해 망원경을 개선할 게 아니라, 달로 가자는 거죠. 그런 사고방식을 문샷 씽킹이라 해요. 스타트업이 성장하기 위해서는 창업가와 투자자 모두에게 문샷 씽킹이 필요해요. 10%를 개선하는 것보다 100%를 혁신하는 게 더 쉽다는 거죠. 스타트업이 백 배의 가치로 큰다는 것, 1억짜리 투자조합이 백억이 된다는 것이 다소 허황되게 들릴 수도 있겠지만, 실제 그런 사례들이 일어나고 있으니까요. 문샷 씽킹으로 스타트업 엔젤투자에서 함께 성과를 내봐요!

고연제Vivian : 봄비가 벌써 장마비가 되었어요. 이제 이 책은 마지막 페이지를 넘기겠지만 우리들의 이야기는 이제 시작이에요. End와 And는 한 글자 차이니까요. 서로 다른 사람들이 만나 꾸는 같은 꿈. 이상동몽이라고 해야할까요? 우리는 백억을 버는 날까지 꿈을 꿔요!

정연택Brian : 〈사람은 가능하다고 여기는 범위 안에선 모든 것을 할 수 있다〉 평소에 좋아하는 말이에요. 이 말의 힘을 스타트업 창업가를 만나면서 느꼈고, 엔젤투자자들을 만나면서 느꼈고, 우리 팀과 함께 하면서 더욱 느껴요. 이 책을 읽는 여러분 역시 모든 것을 할 수 있습니다! 여러분이 가능하다고 여긴다면!

김송이Emily : 단순히 수익성만 쫒던 투자를 하던 저에게 세상에 영향력을 끼칠 수 있는 엔젤투자를 만난 건 행운이었어요. 제가 투자하는 돈의 가치를 더 크게 생각 할 수 있는 계기가 되었죠. 백억 파트너들과 함께 엔젤투자로 백억 비전을 만들어 가고 있는 지금, 행운과 비전을 함께 나누고 싶습니다!

박혜진Chouette : 사명감으로 뭉친 파트너들의 팀플이 빛을 발하는 시간이었어요. 엔젤투자에서 기업 발굴부터 투자까지 해 보는 것은 특별한 경험이었어요. 전문적인 지식도 필요하지만, 투자자와 창업가의 가치와 비전이 만나서 질문들을 통해 새로운 이야기가 되어가는 과정이 인상적이고 흥미로웠어요. 팀플이 달리 팀플이 아니더라고요.

오상훈Bob : 다섯 명의 백억 파트너들, 우여곡절 끝에 첫 번째 투자까지 마무리를 했네요. 몇 달 안 된 것 같은데, 몇 년은 지난 것처럼 느껴져요. 아마 그 사이에 그만큼 많은 이야기를 써내려갔기 때문이 아닐까. 이제 백억 파트너들은 다음 도전 과제에 직면했어요. "액셀러레이터를 창업해볼까?" 어떤 이야기가 우리를 기다리고 있을지 궁금하네요.